大夏书系·数学教学培训用书

聚焦
课堂教学

一位小学
数学特级教师的
研课手记

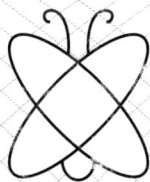

费岭峰

著

华东师范大学出版社

全国百佳图书出版单位

·上海·

目 录

第二章　聚焦教学内容的理解转化

第三章　聚焦问题解决的学习过程

第四章　聚焦身边高手的课堂智慧

序　直面教学现场的行与思

　　"实践中体验，体验中成长"是教师专业发展的基本途径，只不过在这个"实践、体验"的过程中，促使教师的实践经验内化为自身的专业素养，表现为教育教学水平成长变化的"催化剂"，乃是教师直面教学现场之上的教学思考。我们知道，唯有深入思考后的行为，才更具目的性，也更能促发教师教学行为的变化。

　　所谓教学思考，就是指教师在教学实践活动中，对教学内容、教学对象、教学方法、教学过程等一系列教学要素进行思辨、分析的行为。教师的教学思考因具有内隐性、个体化等特点，一般不太为外人所感知、发觉，但在如今课程改革实践交流越来越频繁的时期，却能真切感受到在越来越多的教师身上发生。

　　对于教师来说，教学思考的目的不外乎两种情况：要么指向对教学问题的分析、思辨，明了解决问题的方法；要么总结实践活动的经验，体悟成功的感受，使经验内化。触发教师进行教学思考的时机，则可能出现于课堂教学行为发生前，或出现在教学实践活动的过程中，抑或发生在教学活动的实施后。但不管哪一种情况，都说明：教学实践是教师教学思考的根本。以下就从教学内容解读、学习基础分析、实践活动思辨和教学经验内化四个方面结合具体实例来谈谈我的一些思考。

一、教学内容解读：厘清知识内在的学习价值，制定丰富多元的教学目标

　　"教什么比怎么教更重要！"这是许多名师的实践经验。事实上，对相应教学内容的理解是否到位，正是一名教师能否实施有效教学的关键。以运算

教学为例,传统教学中,更多落脚于"算法",重算法的总结与运用,淡化"算理"理解。新课程实施以来,在"运算"教学的目标定位上有了明显变化,从单一的"算法"习得与运用,走向了既重"算法"更重"算理"的目标定位,在引导学生探索"算法"的同时,注重"算理"的理解,突出"算理"理解过程的学习价值。因此,对教师而言,在教学"运算"内容时,需要对相应运算"算理"进行深入思考,恰当把握某种运算的"算理"与"算法"的关系。

笔者曾经作过深入研究并公开展示的人教版课标实验教材六年级上册《分数除以整数》这节内容,其一般算法很简单,即"分数除以整数,用分数乘以整数的倒数"。从习得"分数除以整数"运算的技能来看,学生掌握算法也就达成了本节内容的教学目标。如果仅此而已,这节内容的学习价值显然没有得到充分体现。因为理解"分数除以整数"的算理,探究不同算法背后的道理,是学生数学学习中基本活动经验形成、数学思维发展的重要过程,对学生的数学素养提升起着更为重要的作用。

经深入解读教材,我们发现,《分数除以整数》这节内容包含着两个层次的算法探究与算理理解过程:

层次一:"分子能被整数整除"的"分数除以整数"的除法,也就是"特殊"情况,如 $\frac{4}{5} \div 2$。此类式题,因分子能被整数整除,学生在计算时可以借鉴"分数乘以整数"的经验,直接用"分子÷整数"的方法进行计算。算理也比较容易理解,4 个 $\frac{1}{5}$ 平均分成 2 份后,每份是 2 个 $\frac{1}{5}$。当然,这种算法因受数据影响,有一定的局限性。

层次二:"分数不能被整数整除"的"分数除以整数"的除法,即"一般"情况,如 $\frac{4}{5} \div 3$。此类式题,因分子不能被整数整除,学生无法直接借鉴"分数乘以整数"的经验进行计算,需要通过相应的转化才能实现。探究时,则可有多条路径:可以利用分数的基本性质,将分数的分子和分母同时乘以相同的数,转化成上例的形式,使分子能被整数整除;也可以采用分数乘以整数的倒数,转化为分数乘法进行计算;还可以根据商不变的性质进行转化，即被除数和除数同时乘一个分数，使除数变为1；当然还可以化成小数（如果分数能够化成有限小数的话）进行计算。

在层次二的研究中，因思路不同，解释算理也就成为了发展学生数学分析、解释以及创新能力的重要过程。其间，学生还会经历"数形结合""转化迁移"等数学思想方法的应用，为学生数学学习积累丰富的活动经验提供机会。这些要求，自然也就成为了本节内容的教学目标，是需要学生有所收获的新的增长点。

二、学习基础分析：恰当把握学习目标与学习水平的关系，找准学习起点，为设计合理的学习活动作准备

对于小学数学知识内容，很多时候学生并不是一张白纸。教师需要在每节内容教学之前，对学生的学习基础作一定的分析与了解。正所谓了解学情，才能使教学更有针对性。

笔者曾在研究一年级《认识加法》一课时，课前不但对一年级孩子加法学习的基础作了一般的分析与思考，还进行了一次专门的调查，对一年级孩子的学习基础有了更充分的了解与把握。

请学生计算8道式题：1+4、2+3、4+1、3+2、6+3、4+5、5+3、3+7。全班44位学生全部正确的有41人，达93%；一半以上的学生30秒内完成全部式题，90%的学生1分钟内完成。访谈中，要求学生（11人）口头列出"果树上原来有3只小鸟，又飞来2只，现在果树上一共有几只小鸟？"这个问题的算式，会列出算式的6人，占被测人数的54.5%，不能列式的5人，占被测人数的45.5%；要求学生说明"4+1表示什么意思（可举例）"时，能举例说明的2人，占被测人数的18.2%，9人不能说明，占被测人数的81.8%。经调查发现，一年级孩子对10以内的加法计算已经达到了熟练的程度，而在对加法意义的认识和理解上，差异则较大，且大多数学生还不清楚"加法"作为一种运算所承载的意义及价值。

由于我们了解了一年级新生在"加法"的认识上"会的是什么，不会的又是什么"，便将这节课的教学重点落在"引导学生用算式表达情境的意思

和用情境解释算式的意义，初步建构'加法'模型，理解'加法'的内涵"上，设计了"从'境'到'式'，经历加法模型的产生、提炼"与"从'式'到'境'，体验加法模型的应用、解构"两个层次的学习活动，从课后的测试来看，取得了良好的教学效果。

三、实践活动思辨：全过程关注学习进程，及时把握活动中出现的问题，调整学习导引策略

实践表明，一节课唯有在教学活动的组织上，顺应了学生的认知规律，符合数学知识的发生发展规律，课堂学习才有可能是有效的，甚至是高效的。着眼于教学的思考，其重点当然需要落在对教学活动的思辨上，反映在具体的教学实践中，则是对即时产生的问题的思考与处理，如导入是否能调动学生的学习兴趣，学习材料的提供是否合适，学习资源的选择与利用是否合理，反馈交流的过程是否顺应学习规律，等等。

这是笔者在教学《三角形的认识》时出现的情况：当学生学习了三角形"高"的概念后，组织学生完成课本上的"做一做"（如右图）。在完成第二个"直角三角形"的作业中，学生共出现了以下三种错误情况：

说出下面每个三角形各部分的名称，并各画出一条高。

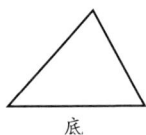

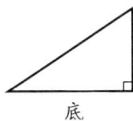

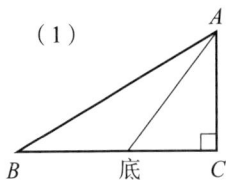

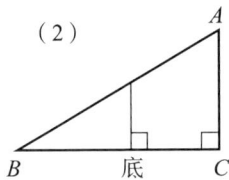

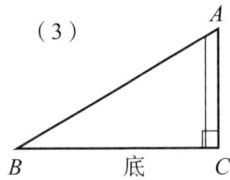

这三种错误情况究竟应该怎样使用，才能更好地体现"错误资源"的教学价值，还是很值得思考的。因为在反馈交流题中"锐角三角形"的情况时，是从正确答案入手的，对于学生的正向引导起到了重要作用。此时，从

另外一种角度,即从错例入手,让学生依据三角形"高"的概念辨析错例,教学效果是否会更好呢?

于是,先交流了第(1)种错例,请学生依据"高"的定义,分析错误原因:虽然是从 A 点出发向对边画线段,但不垂直,所以有错。接着交流第(2)(3)两种错例,学生同样依据"高"的定义,说明了错误原因:虽画了垂线,但没有从 A 点出发,所以也不对。最后呈现正确答案(与 AC 边重合,或直接在 AC 边旁边写上"高")。本环节教学,因为抓住了学生产生的认知冲突,调整了教学策略,取得了意想不到的教学效果。特别对于"AC 边就是底 BC 边上的高"的理解,许多学生从一开始感到迷茫,到最后有了一种恍然大悟的感觉。这也许是从错例出发引导学生分析思考所产生的效果吧。

四、教学经验内化:针对实践回顾反思,在成功与失败的分析中,实现教师实践性知识的生长

教学思考在教师专业发展中起到了重要的作用,当然并不仅仅是教师产生了一定的思维冲动,还在于通过"物化"的行动,加深对实践经验的感受与体悟,继而内化为自身素养。

比如记录实践体验。我们常说,"好记性不如烂笔头"。记录是一种很重要的学习手段。教学思考同样需要教师对教学实践的体验做一些记录。教师如能经常性地将教学中的问题以及解决问题的策略过程做好记录,肯定有利于在后续实践中作观照对比,加深认识。

比如进行教学写作同样是一种教学思考的重要手段。因为教学写作的过程是系统思考教学问题、深入总结教学经验的过程。如论文写作,需要有论点、论据与论证的过程,是训练教师逻辑思考能力的重要手段;如案例写作,则需要教师有对实践活动的分析与提炼,同样可以培养教师对教学现象深入思考的能力。当然,还有教学叙事写作、教学随笔写作等,只要是围绕教学问题的写作,均有促进教师思考能力发展的作用。

再比如教学策略手段的再应用。这既是教学思考目的的体现,也是教学

思考能力再发展的过程。我们说，教学思考的基本要求是对教学问题的反思，或教学经验的总结与提炼。而效果如何，则需要有实践的再检验。也唯有当教师将思考所得的方法策略、经验体验运用于教学实践，其教学水平和教学素养的发展才成为一种可能。

总之，教学思考在教师专业发展中起着重要的作用已经为许多名师的成长所证明。希望更多的教师在教学实践的基础上，积极进行教学思考，真正实现"思"中明，"思"中得，"思"中成。

第一章

聚焦课堂教学背后的理念

理念决定行为，思想指引行动。教师的教育教学行为是否方向正确，很多时候与对课程改革的内容和发展方向的理解、把握有关。思考教学问题，分析教学行为，离不开对学生学习特征的认识以及学科特性的理解。对于小学数学学科教学而言，学生的认知起点、浓厚的理性思维、相应的活动经验与创新的学习路径等，都应该成为回归教学现场、解读教学事件的基本出发点。

学生视角的课堂特征与实践要点

——以小学数学课堂教学实践为例

课堂教学作为学生学习生活的主阵地，既是学生习得知识与掌握技能的发生场，更是学生生长智慧与发展情智的生态场。基于学生视角，遵循学生学习规律所组织的课堂教学，是能够比较好地帮助学生实现这些目标的理想课堂。

一、学生视角的课堂特征

所谓学生视角，简言之，即站在学生的认知角度观察事物、看待问题。因此，基于学生视角的课堂应表现为：遵循学生的学习规律，从学生学习心理、认知特点出发，定位教学目标、选择教学内容、设计教学方法以及推进教学活动。具体表现在以下三个方面。

（一）学习起始尊重学生的认知起点

尊重学生的认知起点，是体现学生视角的课堂教学设计最基本的特征。换句话说，如果一节课的教学预设连学生的学习基础都不太清楚，那么体现学生视角便是一句空话。唯有准确把握学生学习起点的教学预设，才有可能做到教学目标定位准确，教学内容选择恰当，教学方法设计合理，教学活动推进有序；教师才能对"什么时候让学生自己解决问题""什么时候需要给学生以帮助"等问题做到了然于胸。

（二）学习过程体现学生的独立精神

我们知道，一节课虽然由不同的教学环节组成，但终究是学生对某一个知识内容学习的过程。因此，保证学习过程中学生的独立精神，是体现学生视角的课堂教学设计的核心特质。也就是说，在整节课的设计中，教师始终需要明确自己首先是学生自主学习的"组织者、协调者"，然后是"合作者"，最后才是"帮助者"。表现在课堂上，教师一般在材料提供、问题引出以及活动推进时，介入得多一些，在问题分析与解决的时候，尽可能地退后，以保证学生自主学习的实现。教师始终牢记，保持学生学习过程中的独立精神，是促进学生学习能力发展的关键因素。

（三）学习环境保有生生交流的平台

课堂教学首先是引导学生学习的环境建设，其次是促进学生自主发展的生态建设。而学生视角的课堂不单单着眼于学生个体的学习，它同样关注学生群体的学习活动。因此，课堂上生生间的相互影响、相互促进是课堂生态环境建设中必不可少的内容，也是学生智慧生长、情智发展必不可少的过程。笔者认为，生生交流渠道的通畅也应该是学生视角课堂的重要特征之一。

二、基于学生视角的课堂教学实践要点

下面笔者以小学数学课堂教学为例，结合自身的课堂教学实践，从学习起点的发掘、学习过程中独立精神的维护以及学习交流平台的建设三个方面，对构建学生视角的课堂教学作具体分析。

（一）把握适切的学习起点

正如前文所述，找准学生的学习起点，是体现学生视角课堂教学实践的根本。那么，实践中教师通过怎样的方式方法才能准确地把握学生的学习起点呢？以下介绍两种笔者在教学实践中经常采用的方法。

1. 课前微调查，了解学生的学习基础，设定恰当的学习目标

所谓微调查，是相对于严格意义上的调查研究而言的。与一般的调查研究相比，微调查的调查范围较小，调查手段简便易行，调查材料简洁，数据分析简单及时，突出实用性。课前采用微调查，操作时一般需要围绕即将教学的内容，设计相关的问题采用简易的问卷或小型的访谈等方式进行。目的是了解学生对相关知识的理解或者掌握状况，以帮助教师在课前预设时设定恰当的学习目标。

如笔者在教学一年级上册《加法的认识》一课时，就是采用了课前微调查的方式，在了解了学生的学习基础上设定教学的起点的。

调查内容由两部分组成。第一部分是对全班学生进行问卷测试，内容为"计算 8 道加法式题：1+4、2+3、4+1、3+2、6+3、4+5、5+3、3+7"。第二部分是随机选取一个大组学生（11 人）访谈两个问题。问题①：果树上原来有 3 只小鸟，又飞来 2 只，现在果树上一共有几只小鸟？请口头列出算式。问题②：4+1 表示什么意思？可举例说明。

经过对调查结果的分析，了解了一年级学生对"加法"的认识基础是：能够进行 10 以内的加法运算，但对运算意义的理解及价值的认识尚未建立。于是，教学重点设定为帮助学生在经历加法运算模型形成过程的基础上，理解加法运算的意义；教学进程设定为两个层次，前半节课重点引导学生从"境"到"式"，经历加法模型的产生与提炼过程，而后半节课则重点关注从"式"到"境"，体验加法模型的应用与解构过程，为学生理解和掌握"加法"运算意义提供更多的帮助。

2. 课始重尝试，把握学生的学习状况，组织合理的学习进程

所谓尝试，即先试着做一做，然后再讨论。了解与把握学生的学习起点，除了采用课前调查的方式之外，有时候我们也可以通过在一节课的前 5 分钟设计一个组织学生尝试的环节来完成。如笔者在教学一年级下册《找规律》这节内容时，就采用了这样的方式。

通过多媒体逐个呈现三组图形，每组图形在屏幕上出现 3 秒后消失，随即请学生说说刚才屏幕上出现的是怎样的一组图形。三组图形中，前面两组图形是按"重复排列规律"排列的，第三组则不按规律排列。

第一组：■ ● ■ ● ■ ● ■ ●
第二组：▲ ■ ● ▲ ■ ● ▲ ■ ● ▲ ■ ●
第三组：▲ ▲ ● ■ ■ ● ● ▲ ● ■ ▲

活动后，请学生围绕"记忆的难易"，谈感受，说体会，找原因。最终得出：按一定规律排列的那两组图形容易记，没有按规律排列的那组图形不容易记。

接着便组织学生尝试。问题：图形按一定的规律排列记起来容易，那你能不能画一组有这样的排列规律的图形呢？试试看吧。

在没有研究规律的特征的情况下，只是凭着游戏活动中的自主观察与体会进行创作，这本身便是一个尝试的过程。实际教学中，因为有了学生的尝试，后续的学习材料便足够丰富，既包括"简单重复排列"（即2个或3个图形的重复排列）的材料，还包括"复杂重复排列"（即4个或5个，甚至是6个图形的重复排列）的材料。活动价值也得到了很好的体现：一则暴露不同层次学生原有的对"重复排列规律"的认识经验，二则利于教师随后组织交流活动时设计更有层次的学习活动。

（二）设计独立的学习空间

新课程实施已近二十年，创设学生自主学习的空间，已经在一线教师中达成共识。体现学生视角的课堂，一个重要特征便是保证学生学习过程的基本独立性。现围绕《认识钟表》一课的教学，就在课堂上为学生创设独立学习空间谈几点做法。

1. 关注人人参与，保证学习活动的参与面

人人参与是课堂教学关注全体学生的基本要求，说说容易，做起来却不太容易。要保证学生在学习活动中的参与面，是需要设计的。笔者在《认识钟表》这节课中，设计了三个"人人参与"的基本活动。

一是课始"画钟面"活动。呈现钟表的图片，请学生观赏，然后提出任务：这些各式各样的钟表面上都有些什么呢？你能画一个可以用来看时间的钟面吗？要求每位学生动手画。

二是课中"画时刻"活动。在学生初步认识了钟面上时针和分针的关

系，并且能够初步认读时刻后，请学生根据电子钟呈现的时刻（6:00和12:00），在教师提供的不完整的钟面上画出相应的时刻。同样要求全体学生动手画。

三是课末"做时刻"活动。组织学生根据提供的电子时刻（3:00和9:00），请学生用肢体来表示出来（左手臂为时针，右手臂为分针）。同样是全体参与。

以上三个活动都有相应的活动目标。活动一，既了解学生的学习起点，也为后续讨论学习提供丰富的素材；活动二，引导学生建立电子计时与钟面计时的关系，建立钟面表象，发展空间观念；活动三，在进一步巩固电子计时与钟面计时关系的同时，强化空间感，培养学生的学习兴趣。因为每个活动都有"人人参与"作保证，教师能够全面了解学生的学习状态，适时调整指导策略，在关注全体学生的同时，还能够适时帮助更多学生个性化地完成学习任务。

2. 关注独立思考，保证学习活动的有效性

独立思考既是学生思维能力发展的必要过程，也是课堂上学生思维成果交流的基础，是保证学习活动有层次、有深度推进的关键。从本节课来看，"认识钟表"的显性知识点是知道钟面的构成，了解钟面上时针和分针的关系，知道生活中表示时刻的记录方式——电子计时，理解电子计时与钟面计时的关系。而从思维角度来分析，这又是一个从观察到理解，从直接反映到间接反映的过程，是思维从实物形象逐步走向概念表象的过程。完成这样的过程，是需要学生有深度的独立思考作保证的。

教学中，学生的独立思考体现在两个层次上：

一是完成任务过程中的独立思维活动，即在没有人帮助下的个体思维。比如任务一，学生在观察了一部分实物钟面后尝试"画钟面"，需要其结合看到的实物钟面，独立分析钟面上的本质要素，去掉无关要素，在此基础上画出比较完整的钟面；任务二，同样需要学生独立思考短针（时针）与长针（分针）的作用，画准确相应的时刻，特别是在画"12:00"时，需要学生独立解决时针和分针重合的问题。

二是交流学习成果后的思维活动，即在同伴启发下的个体反思。完成任

务时的独立思考，是思维成果交流的基础，而成果交流后的个体反思，同样是学生思维能力发展的重要过程。教学实践中，教师需要设计一些学生自我反思的环节，以保证学生自我比较、自我调整，激起学生反思性的思维活动，调整或完善自身的思维成果。如：在交流所画的钟面时，请学生自我修改；当学生在做游戏时，又请学生自己调整；等等。这些活动的设计，很好地解决了学生思维过程中的偏差问题，修正思维过程，这对于培养思维能力是相当有效的。

（三）营造生生交流的学习平台

课堂是学生学习的场所，其思维能力的发展以及学习素养的提升，除了离不开个体的努力之外，当然也离不开群体的互动与交流。因此，学生视角的课堂在保障学生个体的学习状态的同时，也需要在群体学习环境与学习活动的设计上下功夫。生生交流平台的建设，就是保障学生群体发展的重要因素。实践中，教师可以做好以下两点。

1.减少师生对话，增加生生互动，让生生交流成为课堂教学的新常态

新课程下的课堂，教师"满堂灌"的现象减少了，但"满堂问"的现象多了起来。而"满堂问"的课堂其实质还是教师主宰的课堂。学生视角的课堂更应该关注学生间的对话，即教师更多地履行自己作为活动"组织者"、问题"协调者"的角色，尽可能将学生呈现的问题或材料作为"皮球"抛给学生，由学生帮助学生处理。主张课堂上的生生互动，建设课堂学习共同体，以保证学生成为课堂学习的真正主人，反映在实践中，则可以采用大问题教学、小组合作学习等。如一位教师在教学《圆的认识》一课中，提出一个核心问题：车轮为什么要做成圆的？请学生结合这一实际情境问题讨论交流，从而完成对"圆的特征"的认识，就不失为一种改变教师"一言堂"或"满堂问"现象的好办法。

2.减少教师评价，增加生生评价，让生生交流成为学生学习的新平台

很多时候，教师喜欢直接去评价学生的学习过程和结果，这样处理虽然让课堂教学实效高，但却容易强调评价的评定功能，而淡化评价的"学习"功能。事实上，小学数学课堂上评价的价值，更应该体现在"学习"功能

上。让学生去评价学生的学习过程或结果，一则评价者需要对呈现的结果有比较个性化的判定，需要有合理的解释；二来被评价者需要有对评价者的评价的再判定。这一来一去，就是一种学习的过程。应该说，学生在课堂上的学习，既包括任务完成的过程，同时包括对别的学生的学习状况作出判断的过程。此时的评价，已经不是评定那么简单了，它已经承载了学习与发展的功能。而在学生视角的课堂上，以生生评价的方式促进学生主动学习、主动发展，值得我们教师努力思考与实践。

　　总之，在突出学生视角的课堂上，因为学生有了更多主动去"动"的机会、独立"想"的机会，其对"学"的体会也就越深，感觉越好，也便更加有利于他们在习得知识和掌握技能的同时，促进智慧的生长与情智的发展。这样的课堂，也正是新课程理念所倡导的。

❓ 教学情境设置的学科特性
——以小学数学教学为例

　　所谓教学情境，是指在教学活动中为实现教学目标而营造的具体场景或氛围。现代课程观认为，教学情境是课堂教学的基本要素。为完成教学任务创设一定的激发学生认知经验、唤起学生认知情感的良好氛围，成为了一线教师落实新课程理念的基本策略。然而在实践中，许多教师在设置教学情境时，过于追求趣味性、情节性、生活化等元素，忽视情境的学科性、问题性等本质要素，造成盲目使用情境、选择教学情境不当的现象屡有发生。下面以数学学科为例，就教学情境设置如何凸显学科性谈一些想法和做法。

　　先看一位教师在《求简单平均数》教学中的一个片段：

　　师生谈话回顾"小马过河"的故事后，多媒体呈现两张线路图。小马从哪一条路走，能过这条河？（注：小马的身高为120厘米。）

线路一：

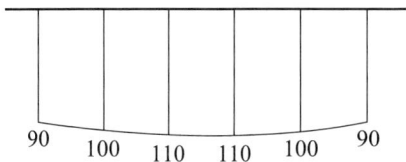

线路二：

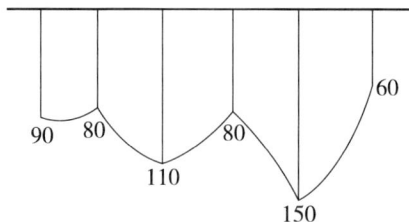

（单位：cm）

　　这是一个学生感兴趣的情境。课堂上，他们围绕小马能否过河展开了热烈的讨论。有的说第一条路能过，第二条路不能过；有的说两条路都能过，

第二条路深的地方小马跳一下就能过去；还有的说两条路都不能过，因为小马会陷在泥里的……学生在过河方法的争论上，花了很长的时间，对情境中所隐含的数学内涵却没有关注。这当然与教师的调控不无关系，但根本原因则与教师设置的教学情境缺乏针对性（一在年龄上，二在内容上）有关。对于这节数学课来说，这当然是一次失败的情境设计。笔者以为，一个高质量的数学教学情境，围绕数学学习展开是其基本特征。也就是说，数学教学情境的设置，必须是以达成数学教学目标为出发点的，始终围绕数学知识技能的获取和数学素养的培养来进行，体现数学味，突出数学学科的本质特点。那么，怎样的教学情境才是具有数学学科特性的呢？实践中我们又该如何来设计呢？现从以下三个方面加以阐述。

一、数学问题是数学教学情境的基本要素

实践表明，有价值的教学情境一定内含问题。数学教学情境，当然应该含有数学问题，并且围绕数学问题展开。如一位教师在执教《握手中的数学问题》这节课时设置的教学情境：

师：两个老同学见面，一人握一次手，握了几次手？

生：1 次。

师：四个老同学见面，每两人不重复地握一次手，可以握几次？

学生有不同回答。教师请学生以四人小组为单位进行体验后统一意见：6 次。

师：那么我们班 40 个小朋友这样握手，可以握几次？

学生茫然。

师：你们可以猜猜看。

出现了多种答案：80 次，58 次，420 次，160 次，140 次……

这是一个典型的数学情境，很有数学味。情境中提出了一个本节课学习的基本数学问题：40 个小朋友不重复，每两人握一次手，可以握几次？这个问题一则有激起学生探究欲望的作用；二来也为探究活动的展开明确方向。因为一下子解决 40 个小朋友握手次数的问题比较困难，根据同样的提

问方式，可以转化为研究 2 个人、3 个人、4 个人、5 个人等握手次数的问题。显然，正因为有这样一个引发学生思考的数学问题的存在，教学情境体现出浓浓的数学味。那么怎样的问题才能凸显数学教学情境的学科特性？这需要结合数学学科教学的任务来思考。数学课上的教学情境，应具有承载数学学习内容的功能。因此，情境中所蕴含的问题也需有利于促进学生的数学学习，一般具备两个方面的特征。

（一）问题是现实的、有意义的

数学教学情境中的问题是否现实、有意义，将直接影响到学生原有数学学习经验的呈现和对教学内容实质的把握，影响到学生进行"观察、实验、猜测、验证、推理与交流等数学活动"的有效性。笔者认为，现实的、有意义的数学问题有利于激发学生的探究兴趣，有利于学生展示已有的认知基础，为教师进一步引导提供策略选择上的依据。

上例中教师提出的数学问题是学生在生活中能够感受得到的，与本班学生实际相联系又有利于激起学生探究的兴趣。同时，也是有意义的，因为在对情境的初步领会和理解中，学生原有思维水平能够比较清晰地呈现出来：对象较少时，学生能够知道"握手"的次数；对象较多时，则会有困难。

当然，这里所说的"现实"不只是指学生生活中的所见所闻，也应该包括他们在数学或其他学科学习中能够思考或操作的，属于思维层面的现实。如《第几》这节内容，一位教师在教学中设置了这样一个教学情境：

学生把 5 只小动物排成一队：智多星排在最前面，小松鼠排在第二个，大象排在第三个，小狮子排在第四个，长颈鹿排在最后面。教师顺接着学生的叙述及时板书成：

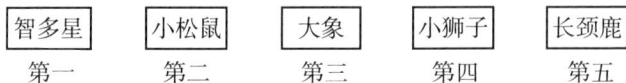

智多星	小松鼠	大象	小狮子	长颈鹿
第一	第二	第三	第四	第五

提出问题：假如今天也让你去参加音乐会的话，你准备排在哪里？学生答：我准备排在第三个。问：你排第三个了，那么其他的小动物排哪里呢？答：智多星、小松鼠不变，大象排第四，小狮子排第五，长颈鹿排到第六了。

这里虽然借助了一个童话故事作为教学情境，但它却富有现实意义。因为对学生来说，如何"排队"是他们经历过的，教师正好借助学生的经验来让学生体会：排在最前面的可以称为"第一"，排在第一后面的叫"第二"……依次类推。可见，这个教学情境既体现了问题的现实性，又包含丰富的数学价值；既有利于激起学生思考的积极性，又有利于学生切实展开探究活动。

（二）问题是丰富的、有层次的

具有普遍意义的数学结构一般是在对多个具有相关特质问题研究后归纳得到的。因此，数学教学情境中的问题也应该是丰富的、有层次的。只有有层次的数学问题，才能引导学生在对"问题"的研究中抽象出具有本质同一性的数学规律或数学方法。如在"握手问题"中，教师仅从 2 人、4 人握手的情况引导学生得到计算方法"人数 × （人数 −1）÷ 2"是不够的，需要从对 2 人、3 人、4 人、5 人甚至更多人握手的问题情境的研究中得出才对学生有说服力。

下面是一位教师在执教《分数的意义》时设置的教学情境，比较典型地体现了教学情境设置的层次性特点。

课始提供以下学习材料：

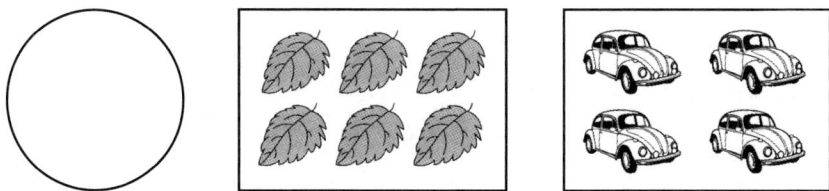

提出要求：请用以上材料，表示出一个分数，并说说这个分数所表示的意义。

学生用圆表示的分数有：$\frac{1}{4}$，$\frac{7}{16}$，$\frac{3}{16}$；用树叶图表示的分数有：$\frac{1}{6}$，$\frac{2}{6}$，$\frac{5}{6}$，$\frac{1}{2}$，$\frac{1}{3}$，$\frac{2}{3}$；用汽车图表示的分数有：$\frac{1}{4}$，$\frac{3}{4}$，$\frac{1}{2}$。

教师结合学生的说明，把分数与相对应的图呈现在黑板上，引导学生观察归纳出分数的意义。

细细推敲，这三份材料体现着教学过程的三个层次：层次一，用圆表示分数，是单个平面图形，一则帮助学生回忆分数的产生过程，二来让学生说说相关分数的意义，了解学生原有的认知水平，以便在下一环节中选择恰当的教学策略；层次二，用树叶图表示分数，尝试探究，初步理解单位"1"的意义，完善对分数意义的理解；层次三，用汽车图表示分数，进一步丰富学生的表象，强化对单位"1"及分数意义的理解。三个层次的学习均围绕"分数意义"的本质展开，引导学生经历"分数"在单个图形到一群物体中产生的过程，切实把握分数的本质内涵，即把单位"1"平均分成若干份之后其中的一份或几份。这样的教学情境才是高质量的、有成效的。

二、数学教学情境需蕴含数学知识的内在结构

数学学习不仅是对数学知识的习得，更是数学思想方法的形成与掌握。数学教学情境的设置，不仅需要为学生习得数学知识服务，更要为激发学生思考，形成数学素养服务。因此，数学课上，设置的教学情境，除了蕴含数学问题之外，还应该体现数学知识的内在结构，为学生在数学学习过程中理解数学原理、掌握数学方法提供必要的支持。如有位老师在教学"20 以内进位加法"时，提供了以下情境[①]：

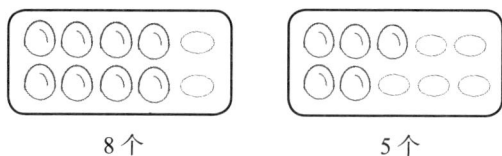

8个　　　　　5个

当老师引导学生观察情境图，初步了解信息，提出"一共有多少个鸡蛋"的问题，让学生尝试解答后，有学生列出了 8+5=13 的结果。接着有以下对话：

师：你是怎么算出答案 13 的？

① 张天孝，姜荣富.计算教学中的创新思维培养（一）[J].小学数学教师，2011（1、2）：34-41.

生：8 与 10 相差 2，5 里面有 2，把 2 分到 8 这里去就是 10 了，还多 3 个，就是 13。

师：刚才这位同学说的是什么意思？

生：只要把左边摆成 10 个，右边就剩下 3 个，一看就知道是 13。

教师根据学生的解释，板书如下左图。

$$8 + 5 = 13 \qquad\qquad 8 + 5 = 13$$
$$\begin{array}{cc} 2 & 3 \\ \underline{\qquad} & \\ 10 & \end{array} \qquad\qquad \begin{array}{cc} 3 & 5 \\ \underline{\qquad} & \\ 10 & \end{array}$$

师：还有没有别的方法也能算 8+5？

生：把 8 分成 3 和 5，5 加 5 等于 10，再加上 3 就是 13（如上右图）。

显然，设置"拿鸡蛋"的教学情境，不仅是一个提出数学问题的过程，更是一个有利于引导学生呈现"凑 10 法"思考过程的情境（两个盒子的结构有直观呈现"凑 10 法"的作用），是一种情境蕴含数学结构的典型体现。

再如在教学"用除法两步计算解决问题"的内容时，设置了一个"书架摆书"的教学情境（如右图）。此情境不仅包含的数学信息相当丰富，而且蕴含着数学知识的内在结构。在解决"平均每个书架每层摆几本书？"这个本节课的重点问题时，学生有三种不同的解法：① 90÷6÷3；② 90÷（6×3）；③ 90÷3÷6。而这三种解法，均能通过图形来作出解释。解法①是先解决每个书架摆书的本数，再求出每层摆的本数；解法②是先解决 6 个书架总的层数，再求出每层摆的本数；解法③则是先解决总的一层摆的本数，再求出每层摆的本数。教学中，教师结合学生的解释在图中相应地作标注，学生的思维只需作适度的调整，便很容易理解相关的解法了。这与情境中的学习材料具有数学结构有关，这样的教学情境正是数学课中所需要的。

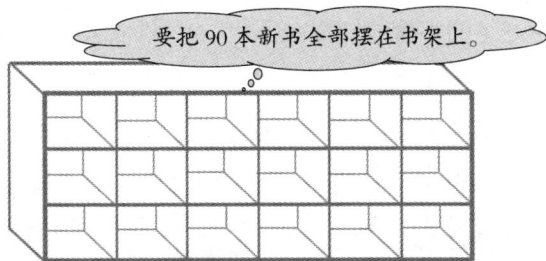

三、数学教学情境为提升学生数学思考能力服务

数学是思维的体操。培养学生的思维能力，让学生学会数学地思维，是小学数学教学的一个重要内容。因此，诱发数学思考，启迪学生思维也应该是设置数学教学情境的出发点。在教学《长方体的认识》这节内容时，教师设置了一个让学生"搭长方体"的教学情境：用小棒搭一个长方体，请你思考一下，要几个接头、几根小棒？小棒的长度有什么要求？学生思考后（不交流），请他们观察教师提供的学具（提供的材料中有缺接头的，也有缺小棒的），思考：提供的材料能否搭出长方体？抓住搭不出的，请学生说说问题出在哪里。

情况一：不够 12 根小棒的组（因为边不够，搭不出）。

情况二：12 根小棒不能分成三组（搭出来后有的"面"不是长方形）。

交流分析得出：搭一个长方体，需 8 个接头（即八个顶点）；12 根小棒（即 12 条棱），每 4 根相等的为 1 组，分 3 组。在此基础上继续引导：刚才 4 根一组的小棒分别搭在哪里了？从而得出：相对 4 条棱的长度相等。

从实际的教学效果来看，因为在"搭"这样一个教学情境中，学生没有具体的操作过程，而是通过想象、思考等思维层面上的活动来完成任务，这里需要较高的思维水平，对促进学生的思维比较有利。课堂上也正是以这样的效果呈现出来的，先确认需要 12 根，又讨论这 12 根需要分成 3 组，又利用搭不成功的小组讨论 3 组 4 根小棒相对 4 根相等时才能搭成功。三个问题解决的过程，正是学生对长方体"棱"的特征的准确把握的过程。这也正是设置本教学情境所希望看到的教学效果。

总之，教学情境只是一种教学载体，若想通过教学情境的展开来实现相关学科的教学目标，则需要教学情境必须具备相关学科的学科性。

3 理性思维培养的实践意义及其基本路径

所谓理性思维，简言之，就是一种有证据、有逻辑地进行思考的思维方式。具体来说，它是一种有明确的思维方向，有充分的思维依据，能对事物或问题进行观察、比较、分析、综合、抽象与概括的思维。

一、发展学生的理性思维，是数学教学的应然追求

《义务教育数学课程标准（2011 年版）》（以下简称《课标·2011 版》）对义务教育阶段的数学学科性质的定位为："数学是研究数量关系和空间形式的科学。"从其中的两个关键词"关系"与"形式"不难理解，理性思维是数学学科自身特有的学科特性，是重要的学习内容。同时，在将"课程内容"具体化的十个关键词中，诸如符号意识、空间观念、几何直观、数据分析观念、运算能力、推理能力、模型思想等，都具有理性思维的特质内涵。

2017 年，在国家教育部出台的《普通高中数学课程标准》（以下简称《高中课标》）中，一是沿用了"数学是研究数量关系与空间形式的一门科学"的学科定位；二是在对数学学科核心素养的表述中，采用了数学抽象、逻辑推理、数学建模、直观想象、数学运算、数据分析六个维度的表达，均具有理性思维的特质内涵。

基于此，我们可以说，数学教学的根本目的，便是运用自身蕴含的理性思维特质，结合数学教学与学生的数学学习过程，发展学生的理性思维。

二、小学阶段的数学学习是学生理性思维发展的基础阶段

为什么说小学阶段的数学学习是学生理性思维发展的基础阶段呢？理由有二：一是小学生的年龄阶段决定了其心理发展水平处于从感性向理性发展的重要阶段。从皮亚杰的"四阶段认知发展理论"来看小学生的认知发展水平，小学阶段正好处于"前运算阶段"和"具体运算阶段"。处于这两个阶段的儿童的认知发展有这样的特点：前运算阶段时，儿童将感知动作内化为表象，初步建立了符号功能，可凭借心理符号（主要是表象）进行思维，从而使思维有了质的飞跃；到了具体运算阶段，儿童的认知结构由前运算阶段的表象图式演化为运算图式，该时期的心理操作着眼于抽象概念，属于运算性（逻辑性）的，但思维活动需要具体内容的支持。

二是从《课标·2011版》的要求来看，与《高中课标》相比，其在理性思维的要求上显然是低的，是高中数学学习中理性思维培养的基础。比如"义教阶段"对学生"运算能力"的要求是能够根据法则和运算律正确地进行运算的能力；而"高中阶段"对学生"数的运算"的要求是理解运算对象，掌握运算法则，探究运算思路，选择运算方法，设计运算程序，求得运算结果等。显然"高中阶段"对"数学运算"的要求，是在"义教阶段"学生结合具体情境概括"运算法则"，体验"正确运算，具有一定的运算能力"的基础上发展而来的。又如"义教阶段"对学生"模型思想"的要求是从现实生活或具体情境中抽象出数学问题，用数学符号建立方程、不等式、函数等表示数学问题中的数量关系和变化规律，求出结果并讨论结果的意义。这同样是高中阶段"数学建模"要求学生在实际的情境中从数学的视角发现问题、提出问题，分析问题、建立模型，确定参数、计算求解，检验结果、改进模型，最终解决实际问题的基础。

三、小学数学教学中培养学生理性思维的基本路径

小学阶段作为发展学生理性思维的基础阶段，其策略路径需要遵循学生

的认知特点，以直观形象思维为基础，在积累了丰富感性经验的基础上发展理性思维。基于此，笔者认为，小学数学教学中培养学生理性思维，可以通过以下途径进行实践。

（一）经历从情境中抽象数学概念的过程

抽象与概括，是理性思维的重要基础。而抽象与概括的基本特征均是以具体事物为认识对象，发现归纳共同属性，揭示事物的本质。新课程理念下的小学数学教学，强调注重情境创设，基于具体情境展开探究，其意义更多在于引导学生经历数学知识的逐步抽象与归纳提炼的过程，在培养学生探究意识与探究能力的同时，关注学生的抽象思维的发展。

就以最为简单的"数的认识"为例，现行各版教材在编写时，基本都有引导学生经历"具体事物的量—半抽象的点（与图）—抽象成数"这样的过程。如"6 的认识"，人教版教材首先利用主题图呈现"有 6 位小朋友在做大扫除"，然后展示 6 个小圆片，写出了数字 6，用 6 根小棒搭出一个六边形，与接下来的课堂练习中 6 颗珠子、6 条小金鱼、6 只熊猫等情境材料一起，进一步丰富学生对数 6 的感性经验。这样的引导使学生经历从情境中逐步抽象概念的过程，在小学数学的许多知识教学中存在。如教学《加法认识》，北师大版教材便是以 3+2=5 这个算式为例。教材在引出这个算式时，用了"一只手有 3 支铅笔，另一只手有 2 支铅笔，一共有 5 支铅笔"和"有 3 只熊猫在吃竹子，有 2 只熊猫在玩皮球，一共有 5 只熊猫"这两个情境来完成，这个过程中还有半抽象的表示，即以"画 3 个圆片和 2 个圆片合起来"的过程。这同样引导学生经历从情境中抽象加法、理解加法运算意义的全过程。

（二）结合具体例子的探索，理解知识的本质内涵

数学学习应该是一个基于数学思考的探索与发现的过程。正是在这个过程中，学生的数学思维得到发展，理性思维得以成长。而事实上，举例说明，结合具体实例分析理解是小学生常用的学习方式。因此，课堂教学中，引导学生举例解释、分析理解，同样是有效培养学生理性思考的重

要过程。

比如，我们在教学《连除简便计算》一课中，引导学生说明如 $40÷5÷4$ 和 $40÷(5×4)$、$60÷3÷2$ 和 $60÷(3×2)$ 等这样的一组组算式为什么相等。学生首先会从计算结果来判断，说明理由，这已经有一定的理性思考的味道了。然而，我们在课堂上请学生再举一些例子来说明时，却会碰到如 $100÷4÷7$ 和 $100÷(4×7)$ 这样的例子。因为学生在学习这部分内容时，还未曾学习小数除法的知识，所以便无法再从结果上来判断是否相等，解释此题便需从另外的视角切入。课堂上，当教师给学生一定的思考时间后，有学生想到了可以借助"除法平均分"的意义来理解这两个算式，即 $100÷4÷7$，是将 100 平均分成 4 份后，再将其中的每一份平均分成 7 份，求一份是多少。这事实上是将 100 份两步平均分成了 28 份，求一份是多少。而 $100÷(4×7)$ 这个算式的意思是将 100 直接平均分成 28 份，求每份是多少。其实两个算式的意思都是把 100 平均分成 28 份，算每份是多少，所以结果也应该是相等的。这样的思考过程，便是一种典型的理性思考的过程，也是小学数学教学中需要加以培养的。

（三）借助直观分析问题，发展理性思维

经历从形象到抽象的过程，是发展学生理性思维的重要过程。反之，将抽象的知识借助直观形象的形式分析与思考，同样具有理性思维的色彩，这也同样是发展学生理性思维的重要策略。小学阶段比较典型的教学方式之一便是借助几何直观理解运算法则。这既有了数形结合思想的体现，又丰富了培养小学生理性思维的途径。

比如，《分数除以整数》这节课中，教师在组织学生尝试计算 $\frac{3}{4}÷2$ 后，得到两种算法。方法一：$\frac{3}{4}÷2=0.75÷2=0.375$；方法二：$\frac{3}{4}÷2=\frac{3}{4}×\frac{1}{2}=\frac{3}{8}$。当要求学生说明第二种方法的算理时，学生纯粹用语言表达是比较困难的，于是便可以用画图的方法来说明（如下页图）。

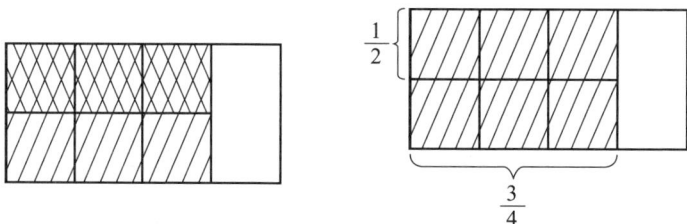

这种将思考过程以数形结合的方式表达出来的过程，我们称为"思维可视化"。而思维可视化的过程，既需要学生将算式由文字（符号）转换成图形，又需要他们有一定的逻辑思考作支撑。因此，这同样是发展学生理性思维的重要方式。

（四）基于"猜想—验证"的过程，培养逻辑思考能力

数学学习中的"猜想"是指在对数学现象作出初步分析基础上的猜测与假想（假设）；"验证"是指通过一定的方式对猜测或假想进行深入分析后作出或正或伪的判断的过程。在小学数学学习中，"猜想—验证"是发展学生合情推理和演绎推理的重要数学活动，特别有助于培养学生的逻辑思考能力。因此，数学教学中需要经常性地结合数学学习，引导学生主动参与、积极思考、敢于猜想、思考验证。

比如我们在执教《神奇的495》一课时，先是说明规则，然后让学生自己举一个例子试试。许多学生自己选择3个数字按照规则一直减下去，最后得到结果495。此时，学生产生猜想：是不是真的随便选择3个数字组成最大的数和最小的数，连续相减，结果都能得到495呢？为了验证猜想，需要学生再次举例。

如用"3、5、7"来写，得到：753－357=396，963－369=594，954－459=495；用"8、6、1"来写，得到：861－168=693，963－369=594，954－459=495。当学生有了结合例子的运算体验，积累了较为丰富的感性经验后，教师便可提出问题"你从这些算式中发现了什么？"，引导学生分析。有学生发现：每次计算结果中间数字都是9，被减数和减数中间的数字都是一样的。还有学生发现：三个不同的数字，组成最大的数和最小的数，被减数的

个位一定是减数的百位，所以减数的个位一定比被减数的个位小，并且它们中间的数字又相同，个位不够减，向前一位借一。当教师引导学生提出新的问题时，有学生问："4 个数字按这样算会不会也有数字黑洞？"在这个过程中，引导学生通过举例，利用合情推理发现"3 个数字"的"数字黑洞"问题，同时从最后一位学生提出的"4 个数字"的"黑洞"探索想法来看，已经有了引发学生进一步思考与探索的契机。这同样是一种逻辑思考意识触发的过程，也是一种理性思维常有的表现。

　　总之，在学生理性思维培养的基础阶段，发展小学生的理性思维需要结合他们这个年龄阶段的心理特征，在数学知识的学习中，既关注感性经验的激活、形象思维的激发，又要适时引导学生对知识的本质内涵进行符合逻辑的抽象、概括、提炼、归纳，使学生在理解数学知识，获得数学活动经验的同时，发展理性思维。

4 预学的实践意义与小学数学课堂教学变革

所谓"预学"，简言之，即为预先学习新的知识内容。在"学生为本""以学定教"等教育教学理念的支撑下，预学已经为越来越多的一线教师所认可、接受、应用。教学要有效，当然需要了解教学的对象——学生的学习起点，也只有在了解学生原有的学习经验，准确把握其学习起点的基础上，才能设计出有针对性的教学活动，组织学生更好地自主学习，从而有效地实施课堂教学，实现课前制定的教学目标。

然而，在教学实践中，一线教师运用"预学—后教"组织课堂教学时，存在着诸如预学目标不清，方式单一，有时甚至只是一种习题前置式的练习，从而造成"后教"过程缺乏针对性，课堂教学效率反而低下等问题。这显然与一线教师对预学的价值认识不足、缺乏设计有关。笔者现结合自身在小学数学课堂教学中的实践，就这个问题作一些分析与思考。

一、预学的含义及实践意义

预学，是指在教师组织教学活动之前，由学生自主对即将学习的新知内容先行尝试学习的过程，一般具有独立性强、个性化特征突出等特点，在学生的学习过程中，有着重要的实践意义和价值。

（一）从心理学意义上说，预学是一种学习的心理准备状态，为学生在课堂教学中更好地参与学习打好思维定向的基础

预学虽然有时需借助教师提出的相关要求来进行，但学生对知识的感知领悟，仍然需要其自主阅读课本，认真参与体会。因此，它对于学生学习能力培养而言，具有两方面的积极意义。

1. 预学为学生理解掌握新知提供充裕的感知时间，有利于学生对所学内容形成初步的感性经验

人的注意一般"分为无意注意和有意注意两种"[1]。与注意直接相关的学习同样可以分为有意学习和无意学习。相对而言，有意学习的效率高于无意学习。因此，如果学生对所学内容没有进行过预学，那么他在接受教学时必定会带有较强的盲目性和依赖性，这种盲目性和依赖性的消除，又必须通过教师设计的教学过程来完成。而教师的教学步骤、教学形式更多体现的是教师所理解的知识及自身的思维特点，学生虽然通过这些环节学到了知识、掌握了知识，但他们独立的、自觉的体验过程毕竟还是比较少的。反之，学生有了预学的过程，便有较充分的时间独立感知即将要学的知识，教材内容在思维意识中形成初步的框架，这就能使学生在参与课堂教学的一开始便能直接进入学习状态，从有意学习开始，真正成为学习的主人。

2. 预学能够创设一种基本独立的学习环境，有利于激发学生的求知欲，使学习主体的思维状态走向积极

积极的思维活动是学生主动获取知识、掌握技能的保证。研究表明，思维总是从问题出发，然后在"解决问题中形成和深化"[2]，并且最终得到发展。教师的预学要求一般以问题的形式提出来，这首先就为激发学生的思维活动提供了可能。再则，预学要求中的问题是学生不能单纯地利用原有的知识经验轻易解决的，需要他们对新知内容进行反复阅读、反复推敲，把握新旧知识间的内在联系，才能找到解决问题的方法，这就为激发学生的积极思维和求知需要创造了条件。第三，教师在预学的要求中，强调自觉完成、独立完

---

① 朱智贤.儿童心理学 [M].北京：人民教育出版社，1993：356.
② 徐速.小学数学学习心理研究 [M].杭州：浙江大学出版社，2006：157.

成，此时由于学生自身知识水平、理解能力的局限，对新知识的把握不可能很透彻、很深刻，更可能处于一种似懂未懂、一知半解、不确定的问题情境中，这一种"心求通而未通，口欲言而未能"的境界使学生的心理产生出种种矛盾、疑惑或者是惊讶等非寻常状态。具有如此心理的学生进入再次学习，便会体现出求知欲强、学习欲望强、主动性突出等特点。而这正是一个主动学习的学生才会具备的特点。很显然，预学的过程如果能反复进行，持之以恒，学生便会积累起丰富的学习经验，学习能力自然会逐步提高。

（二）从教育学意义上说，预学能促使课堂教学结构发生改变，学生个性得到张扬，教学过程突出学生的学习主动性

教学过程是一个教师教和学生学的"有目的有计划的师生交往过程"①。教师"教什么""怎样教"，学生"学什么""怎样学"，一向是教学改革首先要解决的基本问题。与传统课堂教学相比，有了预学后的课堂教学，因为是"变'教师带着教材走向学生'为'学生带着教材走向教师'"②，因此，教师的"教"与学生的"学"发生了质的改变。

1. 有了预学的课堂教学，教师"教"的起点发生了变化

虽然学生的感知能力和理解能力是有强弱之别的，但有了预学的过程，大多数学生对教材内容的感知理解已有一定的基础（有些理解能力颇强的学生甚至已经基本掌握）。此时，教师的教学便可以围绕"预学成果的展示交流"展开：检查学生对新知的理解程度，了解学生预学过程中的思维活动，发现学生思维过程中的独特成分；接着以学生预学的程度为起点，组织一系列活动，把学生从预学后的那种似懂未懂、一知半解、不确定的认知状态中"导"出来，使他们对所学知识有一个深刻、透彻的认识，最终纳入其自身的认知系统。事实上，有了预学的过程，教师做得更多的是选择恰当的方式引导对学生学习过程中的得失成败进行分析评价，利用更多的机会对学生进

---

① 劳凯声.教育学 [M].天津：南开大学出版社，2001：255.

② 余文森.先学后教：中国本土的教育学 [J].课程教材教法，2015（2）：17-25.

行学习方法的指导，提高学生的学习能力。

同时，因为有了学生的预学过程，教师课堂教学的方式会逐步改变，不再把太多的时间放在讲授上，而是用在引导学生展示学习成果、交流思考过程、组织学习评价以及提出挑战性任务上。这样的教学方式转变，迫使习惯了被动接受知识的学生改变原有的学习方式，尝试投入到预学中去。其间教师再通过一系列的方法指导，耐心加以引导和点拨，让学生对预学从不习惯走向习惯，从不自觉走向自觉。

2. 有了预学的课堂教学，学生"学"的心态发生了改变

因为有了预学的过程，有些知识的掌握是学生自觉探索、独立理解的结果，这无疑增强了学生学习新知的信心，激发起他们进一步探索的兴趣，同时也为下一次预学提供良好的心理准备，使其能更自觉地投入到预学中去，养成独立思考、独立解决问题的习惯。

另外，因为教师在课堂上的教学是以学生预学中产生的问题为起点进行的，并且是学生自己感兴趣的、真正希望解决的问题，这同样会提高学生参与课堂学习的积极性，为其努力探索方法、充分理解掌握所学知识奠定基础。

二、小学数学课堂教学中的预学设计要点

"预学后教"作为改革小学数学课堂教学传统模式的重要方式，一般适合在小学中高年级中进行。实施时，并不是放任学生自由进行，而是涉及"学什么"和"怎么学"两个基本的问题。因此，在小学中高年级数学课堂中开展预学是有设计的、有任务的一个学习活动。

（一）预学任务要明确

布置预学，实际上是教师把学习的主动权下放给学生的一种表现，能让学生在心理上对即将要学的内容有种思维定向的基础，使他们在参与课堂教学时减少盲目性，增强目的性。

教师组织学生进行预学，必须有明确的任务与要求。在具体的实施过程中，这一任务和要求可以体现在教师设计的"预学题"里。例如，在教学五

年级《商的近似数》这节课时，可提出这样几个预学任务：①阅读课本，尝试计算例题 19.4÷12，发现"商"有什么情况产生。②遇到这种情况后书上是怎样处理的？想一想，课本上这样处理的道理是什么？③尝试完成"做一做"，你会解决这几个问题吗？

从教材的编排来看，这节内容是在学生学了"用四舍五入法取近似数"及"积的近似数"之后进行教学的，学生对用四舍五入法取近似数已有相当的基础，本节课更为重要的内容在于使学生了解除法中"商的特殊性"即商有时更需要取近似数的实际意义，进一步体验学习数学的目的，调动学生的学习积极性。教师的这一意向无疑已明确地显示在预学题②中了。

当然，预学题的出示，并不是为羁绊学生的思维，而是作为引导学生探索新知的线索存在的。出示预学题，是为了引导学生探索，激发学生的兴趣，使其真正主动地投入到整个求知过程中，最终养成独立解决问题的习惯，使预学转化成学生内在的学习动机。

（二）预学内容要设计

预学是培养学生学习能力的重要过程。但预学要求不能操之过急，要有耐心地逐步提高。特别是面对年级较低的学生或者教学比较复杂并且有一定难度的内容时，更需要有相应的预学工具给予学生帮助。

比如我们在小学四年级《小数点移动》这一节课的教学中组织学生进行课前预学时，便给学生提供了一份精心设计的"导学单"（见下页），意在给学生的预学提供一定的帮助。

这一"导学单"在学法指导上主要体现出两个特点：一是引导学生对知识的学习能够"知其然"，又能"知其所以然"，具体表现为在引导学生学习基础知识、研究基本技能的同时，不忘引发学生对背后的算理进行思考；二是提醒学生在碰到困难时，可以去寻求一定的帮助，具体表现在给学生留出独立思考的时间和空间的同时，不忘在学生碰到困难时，提供适时适度的帮助。有了"导学稿（单）"的预学，相对降低了自主先学的难度，比较适合年级较低的学生。

《小数点移动》课前预学"导学单"

层次一：读书自悟

小朋友好！今天回家自学的内容是《小数点移动》的相关知识。请你利用 10 分钟左右的时间，自学课本第 61 页上的内容。问一问自己，我读懂了吗？

层次二：尝试理解

请结合你刚才自学的课本知识，试着完成下面的习题。碰到困难可借助提示哦！

1. 0.01 变成 0.1，小数点向（　　）移动了（　　）位，这个数就扩大到原数的（　　）倍。

引思：你能解释原因吗？试试看吧。（如有困难，可参考老师给你提供的解释办法。）

2. 0.01 变成 1，小数点向（　　）移动了（　　）位，这个数就扩大到原数的（　　）倍。

引思：你能够运用上面的方法来解释道理吗？

3. 引导推断：如同这样，一个数的小数点向右移动三位，这个数就扩大到原数的（　　）倍。你能举个例子说明吗？

层次三：延伸思考

请你接着思考，如果我们反过来，将 0.1 变成 0.01，此时小数点向（　　）移动了（　　）位；这个数就（　　）到原数的（　　）。

将 1 变成 0.01 呢？

总体而言，因为数学知识的连续性相当强，这就要求教师在设计预学题时，既要考虑到为学生获取新知服务，也要考虑到新旧知识的联系，为帮助学生找到知识生长点，完成新旧知识的迁移服务。另外，任何一个班集体，其学生的理解能力和旧知的掌握基础都是参差有别的，这就要求教师设计的预学题要顾及激发大多数学生的参与积极性，也要考虑学习个体的差异性，既要为学有余力的学生提供思考余地，也能为中下生把握新知找到途径。

三、基于预学的小学数学课堂教学变革要点

课堂教学始终是学生"学"和教师"教"的互动过程，有了预学的小学数学课堂教学同样需要有教师的"教"。"不能以学生的学完全替换整个教

学,教学过程中不能只有'学'而无教师的'教'。"①但与传统的课堂教学相比,基于预学的课堂教学需要有体现预学作用的变革。

（一）探索基于预学的小学数学课堂教学基本流程,变革课堂教学模式

因为有了学生的预学,教学的重心显然与一般的传统课堂有所不同。在教的内容指向上,更多关注学生预学中有困难的地方,也就是我们常说的,学生应该掌握,但在预学中又没有学会、仍然存在问题的内容。"'先学后教'主要是或者说更强调教学的程序,即学生学了以后再教,在学生学的基础上教,学生会的不教,不会的才教。"②正因为如此,有了预学的课堂教学流程与传统课堂教学相比发生了很大的变化,可以分五个步骤进行（如下图）。

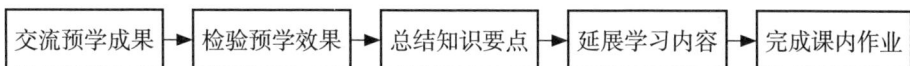

交流预学成果 → 检验预学效果 → 总结知识要点 → 延展学习内容 → 完成课内作业

"交流预学成果"和"检验预学效果"两个环节,均是对预学状况进行反馈,以了解学生的预学效果。"交流"环节侧重于口头互动,主要针对思维方法与思考过程的交流、问题的交流及呈现,这一步一般又可以设计成四个环节：

一是组织学生结合预学的状况,交流预学中习得的知识和技能。此环节可组织学生小组内交流来完成。

二是引导学生提出预学中产生的问题。此时,教师需要特别关注学生提出的问题的性质：是纯知识性的还是过程性的,是技能方面的还是思维方面的。同时对学生提出的问题作适度的归纳,以便在后续交流解答环节中,引导学生关注核心问题,聚焦核心目标。

三是组织学生应用预学中得来的经验解答相关问题。如前面提到的《小数点移动》一课中解释"小数点向左移动三位后,得到的数是原数的$\frac{1}{1000}$"的意义时,学生可借助预学中理解"小数点向左移动一位、两位后,得到的

---

① 成尚荣."以学为核心"与"不教之教"[J].江苏教育（中学教学）,2013（7）:1.
② 同上。

数与原数的关系比较"的经验来解释。

四是在学生解决碰到的困难时，教师提供适时的帮助，从而保证能够在此环节基本完成预学成果的展示。

"检验"环节一般以习题形式进行。主要关注学生基础知识及基本技能的理解掌握状况，选题不宜过多，少而有针对性即可。

"总结知识要点"环节是预学及练习基础上的总结，又是课中教师适时点拨基础上的提升。

"延展学习内容"环节，则是对新知内容的进一步学习与提升，可设计一些拓展性的练习。

最后是"完成课内作业"环节，这是有了预学的课堂区别于传统课堂的又一明显特点，也是课堂教学效率提高的重要体现。一般留 5 ～ 8 分钟，保证学生能够完成作业。

（二）把握基于预学的小学数学课堂教学中的关键环节，充分发挥预学的作用

有了预学的课堂教学，学生对知识的掌握通过其自学已经初步完成，教师在课堂教学中已无需再作按部就班的分析、讲解，课内更多的时间需要留给学生，让学生展示学习过程，组织学生练习，用学到的知识解决问题，巩固知识技能，提高其应用知识解决问题的能力。有教师提出了"理—引—点—补—提"[①]的策略，可以一试。当然，要有效处理好这一环节，教师还需要把握好以下两个方面的操作要点：

一是引导学生充分展示学习成果和思维过程。有了预学的课堂教学，并不等于新知学习通过自学能够全部完成，它更需要教师在课堂上抓预学成果的反馈时，给学生充分发表见解的机会，注意发现那些不同一般的、有独创性的思考方法和解题过程加以引导和分析，以促进全班学生的交流分享。只有既了解学生对知识的理解状况，又了解学生的思维状态，才能让课堂教学

---

① 冯明，胡慧良 . 谈小学数学"先学后教"之后教 [J]. 教学月刊（小学版），2014（6）：13-16.

中教师的点拨引导更具针对性，也能更好地发挥预学的作用。例如，在《三角形的面积计算》一课的教学中，学生预学后呈现的推断方法便可能有以下几种比较合理的想法：

方法一：

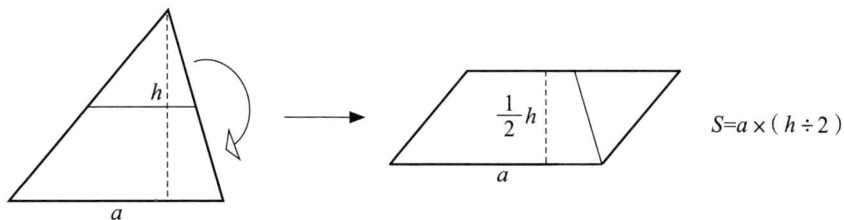

$S = a \times (h \div 2)$

方法二：

$S = a \times (h \div 2)$

方法三：

$S = a \div 2 \times h$

方法四：

$S = a \times h \div 2$

方法五：

$$S = a \times h \div 2$$

除了以上这些方法之外，还有可能分成三个图形计算的方法。面对这么多的方法，如果没有充分的预学，想让学生直接说出思考过程，可能有一定的困难，有时还可能了解不到学生完整的解题思路，不得不靠教师的讲解分析。如此的话既不利于培养学生的自学能力，也使课堂效率难以提高。当然，如果有了预学但不注意对预学的成果作全面了解，纯粹让学生说说课本上的解法，那也是有悖于预学的功能的。正因为有了预学，学生对问题展开了充分的思考，才能得到这么多的方法；也正因为教师重视对预学成果的反馈，才能使学生的独创性思维得以发掘。

二是充分关注学生的能力差异。预学给学生创造了一种学习尝试的机会，但并不是说每个学生都能在预学中对所学内容有全面的理解和掌握。每个学生的预学效果是不一样的，大多数学生能在预学中对教材内容有一定程度的感知和理解，少部分学生可能就理解不了新知，这就需要教师在组织预学效果的反馈时，了解哪些学生对新知已基本掌握，哪些学生还有困难，然后及时采取措施，进行有针对性的点评和指导。

例如，在教学《分数除以整数》这节内容时，当学生预学后，对"分数除以整数，可以用这个分数乘以这个整数的倒数"的理解，就存在着差异。在要求学生用画图的方式来解释 $\frac{4}{5} \div 3 = \frac{4}{5} \times \frac{1}{3} = \frac{4}{15}$ 算理时，有学生很容易就能画出相应的图示（如下页左图）；而有些学生却无法画出相应的图示，只是机械地记住算法。此时，便需要增加一些练习（如看图形变化的过程，列出相关算式，如下页右图），来帮助学生进一步理解"分数除以整数，可以用这个分数乘以这个整数的倒数"的道理。当学生看着图形变化的过程，既能列出算式 $\frac{3}{5} \div 2$，又能列出算式 $\frac{3}{5} \times \frac{1}{2}$ 时，学生基本就能理解分数除以整数的算理了。

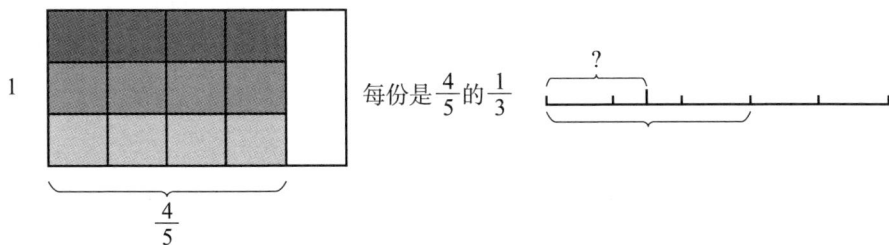

每份是 $\frac{4}{5}$ 的 $\frac{1}{3}$

唯有如此，才能既给优等生留有更大的独立学习的空间，同时也不让后进生掉队，失去学习数学的兴趣和信心。

总之，预学的实施，客观上把学习理解新知留给学生，由学生自主尝试，为学生创造一个独立的学习空间，实践中则又需要教师通过课堂教学结构的改变，教学组织形式的调整，充分调动学生的主观能动性，发挥学生的主体作用，最终改革课堂教学模式，提高课堂教学效率。

6 重设学路，突出数学学习的挑战性

——小学数学由"一般"到"特殊"学习路径
设计的实践与思考

一、"顺畅"是否就是教学效果好？

这是在执教人教版课标实验教材三年级下册第五单元《用面积知识解决问题》一课时生发的疑问。作为一节"问题解决"的内容，学生在学习此内容之前，已经学习了"面积概念"，知道了一些常用的面积单位，学会了长方形、正方形的面积计算方法，以及面积单位换算的基本方法。第一次教学，学生的学习路径是通过以下三个环节的问题建构的：

（1）探索性问题：用长方形卡纸剪数字卡片。卡纸的长是 12 厘米，宽是 9 厘米；剪成的正方形数字卡片的边长是 3 厘米。一张这样的卡纸可以剪多少张数字卡片？

（2）巩固性问题：教材上的情境问题——一个长 6 米、宽 3 米的客厅地面，用边长 3 分米的正方形地砖铺，需要多少块？

（3）拓展性问题：张师傅要把一块长 15 厘米、宽 10 厘米的铁板，切割成边长为 3 厘米的正方形铁片。最多可以切多少块？

撇开情境改编与单位换算的内容不说，引导学生学习的基本路径还是尊重教材原有的编排顺序，设计了从"特殊"到"一般"的学习探索过程，且以学习理解"特殊"结构的内容为主，"问题三"更多是作为本节内容的提升目标来定位的。

第一次实践后的感觉是两个字——"顺畅"。学生的学习几乎没有碰到障碍，且在解决此类"计算大图形中包含几个小图形"的问题时，对特殊的解题思路"先分别计算出大图形和小图形的面积，再用大图形面积÷小图形面积"的方法掌握也比较到位；又因为先体验了解决问题的过程，接着再来关注单位换算的练习，学生对学习的重点和难点的把控都比较好；最后用"不能正好分割"的问题作为提升，学生也了解了有些问题用"大图形面积÷小图形面积"无法解决，但可以通过"画图"或操作的方法，运用类似于"铺面"的方法予以解决。

整节课似乎很完满，教学目标达成也比较到位。然而当从开始的兴奋中冷静下来后，一些问题却引发了笔者的思考：这样"顺畅"的课一定是好课吗？课中学生的学习几乎没有障碍，是不是就能说明这节课的教学效果好呢？学生通过本节课的学习，生长点在哪里？这样的学习过程对于学生思维提升、策略水平发展又有多大的价值呢？

再对学习路径作进一步思考后发现，这样的教学过程，因为学习材料推进层次步子比较小，学习任务对学生的思维挑战不足，探究过程中学生几乎没有产生认知冲突（除了对单位化聚有些交流），显然这样的学习过程对激发学生数学思考、发展学生的思维力来说，还有较大的改进空间。

那么，如此类学生已有一定的学习基础，对一些典型问题的解答不存在太大困难的内容，怎样的学习路径才能激起学生的探究欲望，启发学生思考，发展学生的思维力呢？第二次实践，我们对几个问题的顺序作了调整，将最后的"拓展性"问题作为第一个环节的探索性问题提出，重新设计了学习路径，引导学生直接切入到对"一般"结构材料进行独立尝试研究。问题呈现的顺序如下：

（1）探索性问题：小东用一张长8厘米、宽5厘米的长方形卡纸，剪成边长2厘米的正方形数字卡片。这张卡纸最多可以剪几张数字卡片？

（2）巩固性问题：小北也用长方形卡纸剪数字卡片。他的卡纸的长是12厘米，宽是9厘米。剪的正方形数字卡片的边长是3厘米。这张卡纸最多又可以剪几张数字卡片？

（3）综合性问题：教材上的情境问题。

第二次教学实践，由于学习过程以"一般"材料作为问题引入，先完成对"一般"性问题解决过程的探究学习，再将"特殊"问题解决的感知与理解隐含在巩固练习之中，作为算法多样化的一种方法进行体验，使得学生在主体探究环节，思维要求明显提高，在引导学生采用直观方法解读算理的过程中，帮助学生深刻理解此类问题解决方法的本质内涵。此次由"一般"到"特殊"的学习路径设计，产生了良好的教学效果。由此引发了我的思考：由"一般"到"特殊"学习路径设计的教学价值到底在哪里？

二、由"一般"到"特殊"学习路径设计的教学价值

对于小学数学学习而言，所谓"一般"方法，是指普适性的方法，如上例中用"画"或"拼"的方法"解决大图形中包含几个小图形"的问题的方法；所谓"特殊"方法，则是指在特定条件下才能应用的方法，如上例中的"用大图形面积÷小图形面积"直接得到结果的方法。小学数学教材内容，由于需要考虑小学生的特点和一般应用，教材编写时，基本采用先"特殊"后"一般"的编写顺序来呈现。但是这并不表示教师在设计教学活动时不能作一些调整。事实上，对那些学生有一定的认知基础，且对"特殊"方法理解不存在困难的内容，适当调整学习路径，将体现"一般"方法的学习内容提前，增加新知学习的挑战性，有着以下三个方面的意义和价值。

（一）更易于直击本质，挑战固有思维

从问题到策略，从现象到规律，数学学习本身是一个探索的过程。这一过程中，诱发学习者的思维发生、发展，是根本。因此，在提供给学习者探索知识材料时，真实和一般化的材料更具空间和学习价值。创设生活情境，引导学生在情境信息的解读中发现数学问题，借助解决问题的过程习得数学知识与技能，更能激活学生的思维。比如上例中教材所呈现的"客厅铺地砖"的情境，与"用整数块正好铺满"相比，"有多余材料"的问题设计更具真实性，在保证基本目标定位不变的前提下，也更易挑战学生的思维，激

发学生解决问题的欲望。

（二）更容易引发冲突，激发探究欲望

学习不是简单的知识获取。好的学习设计更多是激活学生的思维，促使其产生认知矛盾，并在试图解决矛盾的过程中，理解知识，掌握技能，生成智慧。比如在"除法竖式"引出的教学中，原人教版实验教材三年级上册"有余数除法"单元采用的例1引出竖式的是 $15 \div 3$。笔者认为，用 $15 \div 3$ 来引出除法竖式，不合适。因为这个算式学生用如加法、减法、乘法等笔算时的"叠加式"来表达的话，也不会碰到障碍，引不起学生的认知冲突。而用例2"一共有23盆花，每组摆5盆，求最多可以摆几组"这种更具"一般"化的学习材料，从有余数的除法来引出竖式的话，学生在用叠加式表达时会产生一定的障碍，即没有办法处理余数3。此时，学生产生探究适合于除法运算的竖式计算方法的需要就显得比较自然了。

（三）更利于深度理解，提升策略水平

由"一般"到"特殊"的学习路径，且突出"一般"方法内涵本质的理解，更有利于帮助学生形成策略性知识，发展解决问题的策略水平。比如《角的度量》这节内容，作为一种程序性知识，教学中，许多老师总是觉得需要教给学生正确的量角方法，即找到起始边，再看另一条边的数值，即可得到相应角的度数，认为这是度量角的度数的一般方法。而笔者认为，"测量角的度数"的教学重点，并不是简单地帮助学生"找'0'起始边"，而应该是引导学生体验"角的度数其实质是包含几个1度角"的过程，其最高的策略水平应该是：可以以任意一条刻度线作为起始边与角的一条边重合，然后去数出从这条边到另外一条边所包含的1度角的个数。这便真正理解了"角的度量"的内涵。当学生对测量方法的理解与掌握水平达到了基于"角的度量"的本质内涵理解的水平时，其遇到复杂情况时（如下图的问题），也会努力去研究针对性的策略予以解决。

小明想用下面这个破的量角器测量∠2的度数。

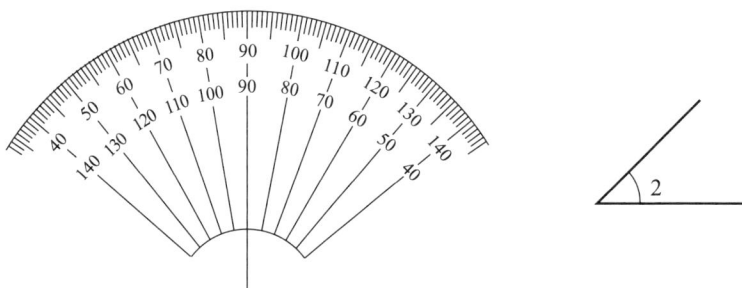

（1）他能测出∠2的度数吗？
（2）如果能，请你用画图或写文字的方法说明测量的方法和过程。（可画在上图中）

三、怎样设计从"一般"到"特殊"的学习路径?

关于从"一般"到"特殊"的学习路径设计的实践，笔者已经在《分数除以整数》《用面积知识解决问题》《角的度量》《倍的认识》等多节课中进行了实践，也有了相应的实践体验。现以《分数除以整数》一课为例，从切入、生成、冲突与发展四个节点作具体展开说明。

（一）全面了解学情，找准切入点

数学知识是有结构的。教材编写者更多是以知识固有的体系来编写教材内容的，一般遵循"简单到复杂""螺旋上升"的原则，而当某个具体的知识内容作为教学内容时，则需要教师基于学生的经验基础，设计更有利于学生"有意义学习"的材料、过程。比如"除法运算"，以人教版课标实验教材为例，从除法的概念理解，到除数是一位数除法，再到除数是两位数除法。"分数除法"的学习同样如此。"分数除以整数"是分数除法学习的起始。为了设计出更加符合学生学习基础的切入点，我们作了课前调查：

请学生计算式题：$\frac{4}{5} \div 2$ 和 $\frac{4}{5} \div 3$，并且试着用画图或写文字的方式说明可以这样算的道理。

调查结果（全班46人）：

第一题结果正确的有 36 人，占总人数的 78.3%。错误的有 6 人，其中 2 人是过程正确，约分错误造成结果错误；2 人把被除数进行了倒数后再算；1 人被除数和除数都进行了倒数后再乘；1 人分子直接乘整数。4 人没有做。

第二题结果正确的有 26 人，占总人数的 56.5%。错误的有 6 人，其中 2 人被除数倒数了，也就是用这种算法算第一题的 2 人；2 人分子直接乘整数（这 2 人上题都是正确的）；1 人被除数和除数都进行了倒数后再算；1 人完全错误。有 14 位同学没做此题。

从调查可知，在"分数除以整数"的式题计算中，对于"算法"，近 80% 的学生会算诸如 $\frac{4}{5} \div 2$ 这样的式题。分析原因，因为此类式题学生只需要将"分数乘整数"的方法迁移过来，用"分子相除，分母不变"的方法即可算得结果。且由调查还可知，对 $\frac{4}{5} \div 3$ 这类式题的计算，学生没办法直接迁移分数乘法运算中的经验，需要探究新的算法加以解决，本来预想的学习难点也有超过一半的学生会算。究其原因，可能与前面"倒数"学习后练习中的习题铺垫有关系。

因此，我们在实践中不从"特殊"情况切入，而是直接切入到"分子不能被整数整除"的"分数除以整数"运算的一般方法的探究。我们认为，这样的学习路径更有利于激发学生的探究欲，也更加符合学生的学习起点。

（二）把握学习关键，放大探究点

放手让学生自主探究，关注课堂生成，以生成资源的探讨作为课堂学习的重要环节，已经为一线教师们所认可和接受。由"一般"到"特殊"的学习路径设计的课堂上，更需要有学生充分探究后的生成资源，从而为找到解决问题的关键提供可能。事实上，由一般性的学习材料切入，更利于生成丰富的、有探讨价值的学习资源。

《分数除以整数》教学导入："前面我们已经学习了'分数乘法'，今天我们开始学习'分数除法'。请你想一想，'分数除法'会有哪几种情况？你能写出几道分数除法的算式吗？"学生先独立写，然后指名回答。根据学生的回答板书一些算式。从分数乘法引出分数除法，将"分数除以整数"的学习置于分数乘除法运算的大背景下展开，让学生感知"分数除以整数"只是分数乘除法运算中的一种类型。同时暗示学生，学习分数除法，可以借鉴分数乘法中的一些学习经验进行探究，在知识形成系统的同时，也让学习方法建立连贯性。

课堂上，学生在自主探究后生成了两种算法：

方法一：$\frac{3}{4} \div 2 = 0.75 \div 2 = 0.375$。

方法二：$\frac{3}{4} \div 2 = \frac{3}{4} \times \frac{1}{2} = \frac{3}{8}$。

讨论算理。其中对于用小数算的方法，以口答方式反馈，讨论的重点聚焦在方法二上，提出要求：请你用画图或写文字的方法来说明，为什么 $\frac{3}{4}$ 除以 2 就可以用 $\frac{3}{4}$ 乘以 2 的倒数 $\frac{1}{2}$ 呢？引导学生用画图或其他方式展示思路，将思维过程可视化。

学生自主活动后再次生成了以下两种方法，然后组织学生展示交流。

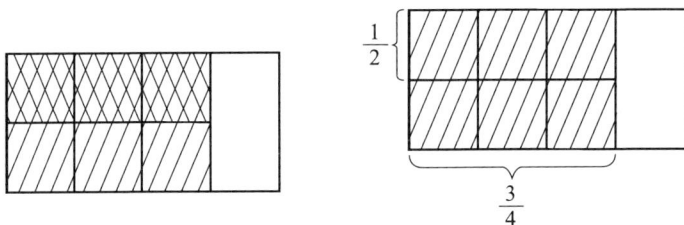

师：从图中我们可以看出，$\frac{3}{4}$ 除以 2，也就是把 $\frac{3}{4}$ 平均分成 2 份，也就是算 $\frac{3}{4}$ 的 $\frac{1}{2}$ 是多少，所以 $\frac{3}{4} \div 2 = \frac{3}{4} \times \frac{1}{2}$，结果是 $\frac{3}{8}$。

（三）持续制造矛盾，强化思辨点

认知"冲突"是学生在课堂学习中有活力的体现，唯有认知上有冲突，才会有思维的激活。在遵循由"一般"到"特殊"学习路径的课堂上，"冲突"更是一种普遍现象。"分数除以整数"到了这个环节，学生对"一般"方法的讨论与交流，还只是个开始。接下来的一组练习，便是教师持续制造矛盾，强化"冲突"点的学习材料。

师：我们在算 $\frac{3}{4} \div 2$ 时，转化成了分数乘法进行计算。那么下面这几题，你又会怎样计算呢？

出示式题 $\frac{2}{3} \div 4$、$\frac{4}{5} \div 2$、$\frac{1}{6} \div 3$，请学生再次尝试计算，并指名板演。此时的 3 道习题，有两个作用：$\frac{2}{3} \div 4$ 和 $\frac{1}{6} \div 3$ 不能化成小数计算了，只能选择方法二，作为基本方法的巩固；$\frac{4}{5} \div 2$ 能选择方法二计算，但由于分子能被整数整除，还能用分子直接除以整数得到分子的方法计算。此时，学生的思维被激活，会思考：怎样的分数除以整数时，是可以化成小数计算的？怎样的分数除以整数时，分子直接除以整数得到结果即可？最后还可上升到"怎样的方法才具有普适性"的讨论。在这一促使学生对数学知识结构化的过程中，学生对"一般"方法的应用有了巩固，又对解决蕴含"特殊"结构的问题的特殊方法有了体验。

（四）关注思维生长，建构发展点

学习是一个生长的过程。数学学习中的生长点，主要表现在知识理解的建构与思考解决问题过程的创造性上。由"一般"到"特殊"学习路径的设计中，有一个很重要的价值，便是引导学生结合数据信息，灵活合理地创新解决问题的方式。具体表现在，当学生在对普适性的方法有了理解与掌握后，碰到一些特殊情况时，能够创新方法，更加便捷地解决相关问题。

《分数除以整数》一课进入到练习环节。学生完成后，先反馈算法和结果，然后请学生思考：为什么这里的分数除以整数的式题，都可以转化成乘它的倒数来算呢？你脑海中有一个怎样的图示过程呢？教学中，教师可以艺术地处理这个环节，比如提出这样的要求：请你选择其中一题用画图的方法说明这样算的道理。老师过会儿请其他同学猜猜看，你画的是哪一道题目的计算过程。同时，通过练习，沟通分数除法与整数除法计算方法上的联系，形成知识结构。

最后想说的是，从小学生的年龄特点出发，我们认为，不是所有内容都适合从"一般"到"特殊"来设计学习路径，更多的学习内容需要从"特殊"到"一般"的学习路径来设计。另外，在采用从"一般"到"特殊"的学习路径前，必须对学情作充分了解。也唯有充分了解学情，从学生的学习基础出发设计的学习路径，才更具有学习的意义，也更利于学生在学习过程中获得有效的发展。

⑥ 数学活动经验的形成与特定内容学习的经历

数学基本活动经验是《课标·2011版》提出的课程总目标中的"四基"之一，也是课标"修改稿"与"实验稿"的重要区别之一。但在将此目标落实于教学实践中，与具体的学习内容相结合时，基本活动经验具体表现在哪些方面？教学中又该以怎样的策略引导学生基于相应学习内容的学习达成这一目标？这成为一线教师所关心的问题，笔者就此谈两点思考。

一、源于特定内容学习的活动经历，是基本活动经验形成的基点

所谓经验，《辞海》给出了三个含义：①经历；②泛指由实践得来的知识或技能；③哲学名词，通常指感觉经验，即感性认识，是人们在生产活动、科学实验中，通过感觉器官直接对客观事物的表象的认识。这样的解释，其实包含了"经验"的过程性、实践性和表象性等基本特质。由此我们给数学活动经验下个定义：数学活动经验是源于数学学习过程经历、基于数学实践活动基础、具有较强个体性的感受与体验。

基于此，笔者认为，基于数学学习内容的活动经历是学生"数学的基本活动经验"形成的必备条件。如"数的运算"学习中，因为其主要包括运算的意义、法则（或技能）及运用运算解决生活中的简单问题等三块基本学习内容，与之相匹配的学习活动也就有针对运算意义学习的活动，针对运算法则的学习活动，以及针对运用相关运算解决生活中的简单问题的学习活动。

我们的教学组织，也便是引导学生经历这些特定的数学学习活动，帮助学生形成"数的运算"的基本活动经验。

又如在"平面图形的面积计算"的学习中，主要包括平面图形面积计算公式的理解与掌握，会用面积计算公式解决相应的问题，以及"面积计算公式"探索时思维过程的发生与发展、公式提炼时的思考方法的选择与应用等内容，于是引导学生经历平面图形面积计算公式的理解活动、基本技能的习得过程、基本思想的获取历程的全过程中，结合具体的猜想验证、动手操作、交流分享、原理思辨等活动，逐渐积累起个性化的感受与体验，从而形成"平面图形面积计算公式"学习的基本活动经验。

二、特定活动经验的形成，需要在具体内容的学习中得以实现

如前所述，数学基本活动经验的形成，伴随着相应的数学学习活动，比如观察活动、猜测验证活动、推理与交流活动及抽象与概括活动等。而这些活动又由于指向目标的不同，在经验形成过程中起着不同的作用。笔者现结合"数的运算"的学习，来谈谈特定数学基本活动经验的形成过程。

（一）经历运算内涵理解活动，形成运算意义的理解经验

运算意义的理解是"数的运算"学习中一项基本内容，是探索运算法则和结合运算解决实际问题的基础。小学阶段的"数的运算"主要包括加法、减法、乘法和除法四种运算。把两个数合并成一个数的运算，叫作加法；已知两个数的和与其中一个加数，求另一个加数的运算，叫作减法；求几个相同加数的和的简便运算，叫作乘法；已知两个因数的积与其中一个因数，求另一个因数的运算，叫作除法。

学生对四种运算的认识及概念的理解，并不是天生就有的，需要经历相应的学习活动才能完成。以加法运算为例，笔者曾在教学《加法的认识》一课前作过一次调查，请一个班44名学生完成8道简单的加法式题，其中4道"5以内（0除外）"，3道"10以内"，1道"满十进位"加法（3+7）。结果41人全部正确，3人分别错1题。当对随机选取的一个大组11名学生进

行"加法"意义访谈时，情况就完全不同了。会根据"果树上原来有 3 只小鸟，又飞来 2 只，现在果树上一共有几只小鸟？"这一问题情境列式的只有 6 人，占被测总数的 54.5%；而在回答"请你说说 4+1 表示什么意思"（要求可举例）时，只有 2 人能答，占被测总数的 18.2%。显然，一年级学生对加法作为一种具体运算是有经验的，而对加法运算意义的理解则基本没有。于是，作为对加法的认识教学，关键在于设计帮助学生理解运算意义的学习活动，如"根据情境列式""根据算式想象情境"等，引导学生在充分感知"把两个量合并成一个量"的过程中，逐步完成"两个数合并成一个数"的加法本质内涵的初步理解。这种基于具体情境的逐步抽象提炼以及体会运算表达式与情境之间的相关性的认识过程，同样是后续学习减法、乘法、除法运算意义的重要认识方式，是一种典型的运算意义理解经验。

（二）经历运算方法探索活动，形成运算法则的探索经验

运算法则的学习是学生技能学习的重要内容。会不会算，熟练不熟练，一般是就学生对运算法则的掌握程度来说的。因此，运算法则的探索经验同样是"数的运算"学习中基本活动经验的重要组成部分。

那么，运算法则的探索经验在学生的学习实践中，又是以怎样的方式来体现的呢？笔者认为，因为学生对四则运算的法则习得并不是一次性完成的，而是经历了不同年级段中多次的学习逐步建构完整，所以运算法则的探索经验会在不同学习阶段以不同的方式体现：一般在学习初始阶段采用的是借助自身认识经验，探索相关运算方法；而有一定的计算基础之后，会根据运算本身扩展的特点，完成计算方法的迁移。

如在人教版教材（以下同）一年级上册第三单元"1 ～ 5 的认识和加减法"和第六单元"6 ～ 10 的认识和加减法"的学习中，学生探索加法计算方法时，主要借助"数数"或"数的组成"的经验来完成。这便是其自身认识经验在算法探究中的应用经验，是一种较为典型的数学活动经验。

而在二年级下册第七单元"万以内的加法和减法（一）"和三年级上册第二单元"万以内的加法和减法（二）"两个内容的学习中，学生探索加法计算方法的过程，已发生了较大的变化，此时更多采用迁移前期"100 以内

加减法"中学过的"两位数加两位数"的计算方法中的"数位对齐""满十进一"的经验，从而解决百位上、千位上乃至更高位上的数相加的问题。

学生这样的法则探索经验，同样在减法、乘法以及除法运算中得到体现，在小数四则运算中甚至表现得更为突出。

（三）经历算理背景解释活动，形成运算原理的解释经验

"数的运算"学习中，算理理解是伴随着运算法则探索与形成的整个过程的。无论是哪一个阶段的算法探索，始终有相应的算理理解过程作支持。因此，算理理解的经验同样是学生在"数的运算"学习中的重要活动经验，是帮助学生"立体"建构运算法则的重要支撑。

如在《三位数乘两位数》这一节课的学习中，当学生根据"每小时行154千米，12小时行多少千米"的问题情境，列出了算式154×12后，教师请学生尝试计算。学生结合"两位数乘两位数"乘法计算方法的探索经验，很快有了结果（如右图）。此时，为了让学生更好地认识笔算过程，一

```
    1 5 4
  ×   1 2
  ─────────
    3 0 8
  1 5 4
  ─────────
  1 8 4 8
```

般需要学生解释算理，即说明每一步的算法依据。当学生以结合具体情境解释的经验来表述时，会这样说明：用因数"12"中的"2"乘154得308，表示的是2小时行的路程；用"1"乘154得154，表示的是10小时行的路程（实际是1540），所以154末位上的数字"4"要与十位上的"0"对齐。而当学生以十进位制位值原则的经验来说明时，又可能会这样来表达："2"乘154得308，表示的是308个"1"；用"1"乘154得154，表示的是154个"10"，所以154末位上的数字"4"要与十位上的"0"对齐。

又如"分数 × 分数"教学中，学生对 $\frac{1}{5} \times \frac{1}{4} = \frac{(1 \times 1)}{(5 \times 4)} = \frac{1}{20}$ 的算理，采用的是"基于分数意义，'数形'结合推演"的方式加以说明的（如右图）。显然，在这个过程中，学生经历的"数形结合"说明算理的方式，会成为后续学习分数乘法解决问题及分数除法运算的重要经验。

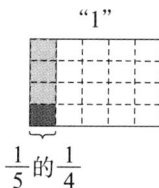

（四）经历算用结合综合活动，形成实际问题的解决经验

实际问题的解决作为"数的运算"学习的基本内容，与《课标·2011版》提出的"寓解决问题于'数的运算'学习中，将'算用结合'作为运算内容教学的基本思路"的课程内容要求有关。"能运用数及数的运算解决生活中的简单问题，并能对结果的实际意义作出解释"，"在具体运算和解决简单实际问题的过程中，体会加与减、乘与除的互逆关系"，"能解决小数、分数和百分数的简单的实际问题"，这是《课标·2011版》"课程内容"前两个学段"数的运算"中的要求。因此，笔者认为，解决实际问题的经验，同样是"数的运算"学习中的重要活动经验。

实际教学中，解决问题的经验可以表现在三个层面：一是信息的收集及处理；二是联结相关运算；三是对运算结果进行验证。我们来看"有37千克油，每个油桶能装5千克，至少需要几个油桶？"这个问题。解答过程中，学生首先会经历对情境中的"37千克"与"5千克"这两个信息的关系作出分析的过程；然后又经历将问题"需要几个油桶"转化为"37里面包含了几个5"后，与除法运算联结的过程；最后还需经历验证7个油桶是否可以解决这个问题的过程。如同这样，学生经历了完整的解决问题过程之后，所产生的感受与体验，终将成为其解决问题的经验。

以上就"数的运算"学习中的基本活动经验的形成作了比较具体的分析。总之，数学基本活动经验虽然反映在个体的学习过程中时，具有很强的个性化特质，但其"基于相关内容的学习经历和体验"形成的特点还是显而易见的。因此，关注数学基本活动经验与特定内容学习之间的关系，是一线教师研究和思考基本活动经验的重要视点。

1 数学模型思想及其教学策略初探

《课标·2011 版》在"课程内容"中提出发展学生的"模型思想"，并指出：模型思想的建立是学生体会和理解数学与外部世界联系的基本途径。那么到底什么是模型思想？小学数学教学中模型思想有着怎样的教学意义？教学实践中又该如何发展学生的数学模型思想？……这些问题，引发了笔者的深入思考。

一、数学模型思想的意义及表征方式

数学模型是"针对或参照某种事物系统的特征或数量相依关系，采用形式化数学语言，概括地或近似地表述出一种数学结构"，且应该是一种"借助于数学概念和符号刻画出来某种系统的纯关系结构"[①]。数学模型思想，即是以数学概念和符号刻画数学结构为内容的，在扬弃一切非本质属性的同时，逐步抽象提炼出数学结构的思维过程。而研究表明，建立数学模型的过程一般分为三步：一是"提出问题并用精确语言表达"；二是"分析数量关系并进行数学抽象"；三是"求解并解决实际问题"。[②]

从模型思想的概念及数学模型建立的过程来看，小学数学中许多知识的

---

① 徐利治. 数学方法论选讲 [M]. 武汉：华中工学院出版社，1988：15.
② 杨庆余，俞耀明，孔企平. 现代数学思想方法 [M]. 贵阳：贵州人民出版社，1994：117.

学习均体现了数学模型思想的过程。笔者现以"加法"的认识为例，具体分析数学模型思想的意义及表征方式。

首先，加法的产生源于实际问题的解决。如下图，用"2个方块与3个方块合成一个长方体"的问题情境：

"2个"方块和"3个"方块分别作为两个不相交的有限集合 A 和集合 B 中的元素，在合并成一个新的集合 C（即集合 A 与集合 B 的并集）[①]后，成为了一个大长方体。这个过程，当我们用精确的数学语言来表达时，便产生了"2+3=5"这样一个数学模型。显然，"2+3=5"是有限集 A（2个元素）和 B（3个元素）合并成并集 C（5个元素）的过程的抽象与提炼，是一种形式化的表达。而当有了"2+3=5"这样一个模型来表达"'2个'元素与'3个'同类元素合并产生了'5个元素'"的新形式之后，类似以下问题便同样有了解决的依据及表达的形式：

（1）小军扎了 2 朵小红花，小英扎了 3 朵小红花，两人一共扎了几朵小红花？

（2）爸爸出差，坐火车用了 2 个小时，坐汽车用了 3 个小时，一共用了几个小时？

（3）保安叔叔要用绳子捆扎废品，扎旧报纸用了 2 米，扎硬纸板又用了 3 米，一共用了多少米的绳子？

……

这些问题，在解决过程中，均是属于"2个"元素集与"3个"同类元素集进行"合并"的问题，抽象成数学表达式，即为"2+3=5"。而事实上，只要是属于"2个"元素集与"3个"同类元素集进行"合并"成新的集合的问题，均可以用"2+3=5"来表达。也就是说，"2+3=5"这个算式虽是源于具体的情境问题解决需要而产生的，但当其从情境中提炼出来后，作为模

---

① 洪潮，王明欢，周华辅，等. 小学数学基础理论和教法（第一册）[M]. 北京：人民教育出版社，1984：18.

型则又蕴含着更高一层的价值了。这就是模型思想的基本意义。

再则，从"加法"的认识来看数学模型的建立过程，其又体现了数学模型的两种表征方式：一是思维表征，它体现在思维过程中，具有隐性特征。"加法"作为一种数学模型，首先是一种思维模型。因为"加法"表达的是两个数合并成一个数的过程，在数学上，只要是属于把两个数（或量）合并起来，即可以用加法进行运算。二是形式表征，它反映在模型的形式表达中，具有显性特征，也即加法其次是一种形式模型，表现在加法可以通过一个"$a+b$"这样的表达式来表示两个数合并的过程。

事实上，数学模型这种"思维模型与形式模型双重表征"的构建过程，在其他数学模型的构建过程中同样有所体现。如"加法交换律"，在思维模型层面上，因为有"一个加数与另一个加数交换了加数位置之后，和不变"的过程经历，所以在形式模型的层面上才有"$a+b=b+a$"的表达式；再如"长方形面积计算公式"，同样有思维模型"长方形的'长'与一行摆面积单位的个数，'宽'与可以摆这样的几行"的过程的经历及体验之后，才从本质上有深刻认识形式模型"长方形面积 = 长 × 宽（或 $S=ab$）"含义的可能。

二、数学模型思想的教学策略

在教学实践中，数学模型无论是思维表征的过程，还是形式表征的归纳，均一般需要有以下两个基本的教学过程作支持。

（一）从"境"到"型"，通过抽象归纳，感悟理解数学模型的结构化、简约化的特征

《课标·2011 版》指出"模型思想的建立是学生体会和理解数学与外部世界联系的基本途径"，其过程中最基本的路径是从现实生活或具体情境中抽象出数学问题或数学事实，然后用数学语言表示出数学问题中的数量关系或变化规律。而这也是数学模型思想建立的第一个层次。实践中，我们可以从以下两个方面来引导学生去体验。

1.拉长从"境"到"型"的过程，引导学生充分体验数学模型提炼的抽象过程

对于小学生而言，数学学习的过程不仅仅是一个形式学习的过程，它更多是经历、体验、探索数学知识产生的过程，是在积累丰富的数学学习经验的基础上，习得数学学习技能与方法的过程。模型思想的发展也不例外。比如学生对"运算律"的学习，因为"运算律"是一种高度抽象的数学模型，但它源于运算，所以与四则运算一样，它与生活现实有着密切的关系。因此，在教学中，我们突出"运算律"产生的现实背景，为学生建构"运算律"提供经验支点，从而很好地拉长数学模型建立的过程，为学生深刻理解掌握"运算律"创造条件。

比如"加法结合律"，人教版教材用了这样一个现实问题来引入（如右图）。求"三天一共骑了多少千米"，就是把每天骑的路程合并起来。在合并时，既可以先合并第一天与第二天行的路程，再与第三天的合并，当然也可以先合并第二天与第三天行的路程，再与第一天的合并，用算式表示即为：（88+104）+96=88+（104+96）。当学生借助类似的现实情境来理解"三个数相加，先把前两个数相加，再加上第三个数，或者先把后两个数相加，再加上第一个数，和不变"的道理，便有了生活经验作支持。

再比如"减法的性质"，教材又提供了这样的现实问题（如右图）。要算"还剩多少页没看"就是要从总页数中去掉已经看的页数，那么既可以从总页数中先减去第一天看的页数，再减去第二天看的页数；或者先把两天共看的页数合并起来，再从总页数中一起减去；还可以先减去第二天看的页数，再减去第一天看的页数：都能得到最终结果。而因为有了具体情境作支

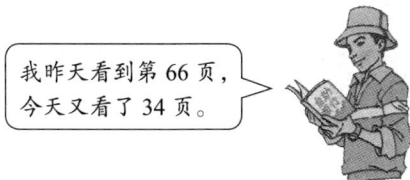

持，要理解 $a-b-c=a-(b+c)=a-c-b$ 这样的结构模型也就不太难了。

2. 实施多"境"成"型"的教学活动，引导学生充分体验数学模型归纳的思维过程

数学模型的抽象提炼不仅仅限于对某一个问题的分析与归纳，它更应该在对同一类事件的共同特征进行分析研究的基础上归纳提炼而成。因此，在引导学生归纳数学模型的教学活动中，一般需要提供多个具有同类数学原型的实际问题，引导学生在解决问题过程中发现规律，抽象规律，表达规律。

如上面提到的"长方形面积计算"教学，长方形面积计算方法作为一种数学模型，它的归纳提炼是经历了多个相似事件的研究后才形成的。实践中，我们可以这样来设计教学过程：

为每位学生提供四个没标数据的长方形学具（图1：长3厘米，宽2厘米；图2：长4厘米，宽3厘米；图3：长5厘米，宽4厘米；图4：长15厘米，宽10厘米），然后引导学生经历以下学习过程：

图1：用面积单位摆满，体会所用面积单位的个数就是该长方形的面积。

图2：先估后操作验证，反馈操作方法，引导学生比较"摆满"与"只摆一行一列"两种操作方法的异同，重点突出"一行摆几个，可以摆这样的几行"的观察与思考。

图3：先口述方法，再操作，重点突出"先横着摆一行，再摆几行"的方法，引导学生体会所列算式求得长方形面积与每行所含面积单位个数及行数之间的"关系"。

图4：直接说方法，并引导学生思考"知道长15厘米，可以知道什么？知道宽10厘米，又能够知道什么？"重点理解"长与沿长边可以摆的面积单位个数，宽与沿宽边可以摆面积单位的行数"之间的对应关系。

在这四个活动中，虽然学习方式有所不同，但其基本目标均在引导学生体验"一行一列与长方形面积计算方法之间的关系"，为学生归纳提炼公式"长 × 宽"作准备。活动中，情境在变化，但思维模型却一以贯之，于是形式模型"长 × 宽"的得出显得比较自然了。

综上所述，我们不难发现，从"境"中提炼出"型"的过程中，无论是思维表征还是形式表征，学生思维的介入及其从隐性思维层面到显性思维表

达的活动设计，是帮助学生感悟理解数学模型结构化、简约化的必要条件。

（二）从"型"到"境"，通过演绎解构，深化理解数学模型的包容性、应用性的特征

以数学模型的形成来看，从"境"到"型"的过程，更多是数学模型从思维模型状态向形式模型状态转变的过程；而从"型"到"境"则是数学模型从形式模型状态再次回到思维模型状态，是帮助学生进一步积累模型经验，从而提升数学模型的应用水平的过程。教学中，这样的过程一般实现在两个应用水平层次上。

1. 数学模型的基础性应用水平

在课堂教学中，当学生基本掌握了相关的数学模型之后，需要引导学生把数学模型推广到一般情况中去，从较普遍的意义上理解数学模型，从而掌握相应的规律性知识。这也是学生体验应用数学模型解决数学问题的基本层次。实践中，一般反映在基本练习设计中。如在"平行四边形面积计算"教学中，学生通过研究归纳了平行四边形的面积计算方法"底 × 高"之后，设计了如下一组练习：

（1）计算下面各平行四边形的面积。

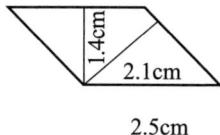

（2）一个平行四边形的底是 4 厘米，高是 3 厘米。它的面积是多少平方厘米？这个平行四边形的形状是怎样的？请你在方格纸上画出来。

这样的练习，是应用面积计算公式 $S=ah$ 尝试解决一般问题的过程，是数学模型基本应用的体现，同时也是对数学概念基本模型认识的强化。

2. 数学模型的拓展性应用水平

检验学生对数学模型本质内涵是否真正理解的重要方式则是数学模型的拓展应用。如在"乘法分配律"教学中，当学生掌握了它的基本模型——

乘法对加法的分配律后，呈现这样一个情境：李大爷家有一块菜地（如下图），种了茄子和西红柿两种蔬菜。然后呈现两个问题：

问题一：这块菜地的面积是多少平方米？

问题二：种茄子的面积比种西红柿的面积多多少平方米？

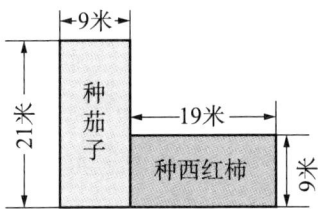

学生对第一个问题的解决是乘法对加法的分配律的巩固而已，然而在解决第二个问题中，学生是否能够建立起 $21 \times 9 - 19 \times 9$ 和（$21-19$）$\times 9$ 两种方法间的联系，建构"乘法对减法的分配律"，从而认识基本模型的变式（$a-b$）$\times c = a \times c - b \times c$，则是学生是否真正理解乘法分配律本质内涵的体现。而这样的认识层次，是需要教师作一定的引导和点拨的，这也是应用数学模型解决问题的真正价值。

又如减法的性质，其基本模型是 $a-(b+c)=a-b-c$，而其变式却有 $a-(b+c)=a-c-b$、$a-(b-c)=a-b+c$、$a-(b-c)=a+c-b$ 等。这些数学模型间的沟通仅仅通过一个或两个问题情境来实现，显然是不可能的。它需要在后续的练习中多次应用，从而帮助学生不但在本质上把握减法的运算性质，而且在应用模型解决问题过程中，提高灵活解构数学模型的能力。

总之，数学模型思想是数学学习的基本思想之一，它应该与数感、符号感、空间观念、统计观念、运算能力及推理能力等一起，需要一线教师在小学数学教学中进行适时适度的培养。

8 小学数学"问题解决"的定位与教学设计思考
——以人教版《数学》的使用为例

　　新课程实验以来,《全日制义务教育数学课程标准(实验稿)》(以下简称《课标·实验稿》)指导下的各实验教材不再单独设立"应用题"单元,甚至很少集中编排纯应用题的内容,更多是渗透在各个领域的学习中,并以"综合应用"或"解决问题"的形式呈现。教学实践层面,无论是对"解决问题"教学目标的定位,还是策略的选择,与传统的"应用题"教学相比同样发生了比较大的变化。2012 年,在新课程改革经过十年之际,针对实验中产生的问题和一线教师的建议,课标编写者对《课标·实验稿》作了修改,出版了《课标·2011 版》,其中"解决问题"课程目标被"问题解决"所替换,相关实验教材在对"解决问题"内容的编写上再次作了调整。随之,一线教师对"问题解决"内容的重新审视和教学策略改变在所难免。笔者现就结合人教版课标实验版和修订版教科书《数学》的使用体会,对此作一定的分析与思考。

一、课程"目标"的变化与"问题解决"的重新定位

　　与《课标·实验稿》相比,《课标·2011 版》不但在"课程理念""课程内容"等方面作了调整,在"课程总目标"中对义务教育阶段的"数学学习"目标内容的表述同样作了修改,其中两个方面的变化较大。

（一）明确提出了发展"四基"的要求

《课标·实验稿》在课程总目标的第一条中曾提出："通过义务教育阶段的数学学习，学生能够获得适应未来社会和进一步发展所必需的重要数学知识（包括数学事实、数学活动经验）以及基本的数学思想方法和必要的应用技能"。这与传统"教学大纲"相比，数学学习的目标已经从"双基"扩展到了"三基"，即基础知识、基本技能和基本数学思想方法。《课标·2011版》则在此基础上，将《课标·实验稿》中作为"数学知识"的数学活动经验单列出来，提出了基础知识、基本技能、基本思想方法、基本活动经验"四基"发展的要求。"问题解决"目标的定位从"三基"到"四基"的变化，势必会影响到数学"问题解决"的教学过程，不但要重视学生应用基础知识和基本技能解决实际问题能力的培养，同时还需关注"问题解决"基本活动经验的获取与积累。

（二）明确提出了增强"四能"的要求

对于数学应用的要求，《课标·实验稿》是这样描述的："初步学会运用数学的思维方式去观察、分析现实社会，去解决日常生活和其他学科学习中的问题，增强应用数学的意识。"《课标·2011版》则在此基础上提出了更为具体的"四能"要求，即"运用数学的思维方式进行思考，增强发现和提出问题的能力、分析和解决问题的能力"。这是对数学应用从"解决问题"定位上升到"问题解决"定位的重要体现。我们知道，对于数学应用而言，解决问题只是一种侧重于结果的目标定位，即"通过某一个具体问题解决，以实现某种知识的应用或者获得某种新的知识"。[①] 而问题解决则是一种侧重于过程的目标定位，"是学生运用已有的数学知识去探索新情境中的问题结果，使问题由初始状态达到目标状态的一种活动过程"[②]，整个过程蕴含着发现和创新的成分。

---

① 夏常明.从解决问题走向问题解决 [J].小学教学研究（理论版），2012（6）：82-83.
② 同上。

显然，"四能"更能体现"问题解决"的特质，其明确提出，不仅有利于一线教师准确把握问题解决不同阶段教学的重点，还能更有逻辑地引导学生经历问题解决的全过程，形成丰富的基本活动经验。

二、人教版《数学》中"问题解决"的编写特点

与人教社 2002 年依据《课标·实验稿》编写的义务教育课程标准实验教科书《数学》（以下简称"实验版《数学》"）相比，2012 年开始依据《课标·2011 版》修订的义务教育教科书《数学》（以下简称"修订版《数学》"），在对"问题解决"内容的编写上体现了两个显著的特点。

（一）明确编排了"问题解决"课时的内容，在强调及时巩固应用知识的同时，突出"问题解决"自身的教学目标

从问题解决的特征去分析，我们发现，"问题解决"具有两个层次的学习功能：层次一，引导学生将学到的数学知识和技能，通过问题解决的过程及时加以应用，以检验数学知识和技能的掌握状况，这也可以看成是"解决问题"功能的体现；层次二，引导学生经历问题解决的过程，以获取问题解决的活动经验，提高应用数学知识和技能解决实际问题的能力。当然，在数学学习过程中，这两者是相辅相成、互为支撑的。没有第一层次的"结果"目标，第二层次经验获取目标的实现很容易成为一句空话；而如果只关注第一层次的目标定位，忽视第二层次的学习价值，则显然没有实现"问题解决"的学习价值最大化。"修订版《数学》"将"问题解决"的内容明确编排，目的就是在改变"实验版《数学》"中"解决问题"目标相对单一，不利于学生经历问题解决的思维程序，不利于学生积累问题解决活动经验的问题。

翻阅已经使用的人教版一、二年级修订版《数学》"问题解决"内容的编排，我们可以知道，两个年级四个学期"问题解决"内容的设计课时数分别为 7 课时、8 课时、10 课时和 8 课时。通过对这些内容的学习分析，我们还能发现，"修订版《数学》"中的"问题解决"的内容主要分为两类：一类

是相关知识的及时应用，另一类是典型问题解答策略的学习。一年级上册的 7 课时均为知识的及时应用与巩固；下册中，除了"一共折了多少个小星星？"和"可以装满几袋？"两课时的内容是针对"相同数连加和连续减去相同数"的问题解决，为后续学习乘法作准备之外，其余均为知识的及时应用与巩固的内容。二年级上册中，除了"两个量比较，求其中一个量"的典型问题之外，其余也均为知识及时应用与巩固的内容；下册中有 8 课时，均为知识及时应用与巩固的内容。当然，其中结合知识的应用也有专项问题的解决策略教学，如两步计算解决的问题，还有求相差量的问题等，都有很好的渗透。

另外，无论哪一类"问题解决"的内容，与传统"应用题"涉及内容的相对狭隘相比，"修订版《数学》"延续了课标实验教科书"解决问题"的要求扩展到课程内容各个领域的特点，在如"观察物体""时间的认识""人民币的认识""角的认识"等量与计量、图形与几何以及统计与概率内容领域的基础知识学习后，也及时编排了"问题解决"的内容。

（二）明确提供了"问题解决"思考的程序，在引导学生经历问题解决过程的同时，着眼于"问题解决"基本活动经验的累积

如前所述，"问题解决"教学除了承载着检验、巩固知识、技能掌握情况的功能外，帮助学生形成问题解决的基本活动经验同样是其相当重要的目标。现"修订版《数学》"在对"问题解决"课时内容的编写中，以"三步三问"的方式，有意识地把问题解决的一般思考程序作了明确的标注，以促使学生对问题解决的过程有所感知，从而积累起"问题解决"的基本活动经验。

我们来看一年级上册《用加法解决问题》中的例子（见下页图）。

作为一节"问题解决"的内容，课本在呈现了问题材料后，又用三个问题完整呈现了问题解决的整个过程。显然，这里的每个"问题"都是问题解决的重要组成部分。

"知道了什么？" 这是引导学生解读信息的问题，与传统应用题教学中的"审题"一脉相承，起到弄清题意，厘清"条件"与"问题"的作用。当

5

一共有多少人?

知道了什么?

后排有 8 人，前排有 ☐ 人。
男生有 ☐ 人，女生有 ☐ 人。
要解决的问题是……

怎样解答?

用加法算。

我也用加法算……

8+7= ☐ （人）　　6+9= ☐ （人）

解答正确吗?

为什么解答同一道题，列的算式不一样?

一共有 ☐ 人。

然，由于"知道了什么?"问题指向的开放性，可以让学生更为全面地关注材料信息，思考材料中"问题信息"与"条件信息"的关系，更符合现实生活问题的特征，对提高学生解读信息的能力有较大的帮助。这也是"问题解决"与传统"应用题"教学的区别之一。

"怎样解答?"这是解决问题的基本环节，也是反映学生信息解读是否准确，解决本问题能力是否具备的关键。同样，由于问题具有一定的开放性，学生可以有不同的解答方法。对于此例，当学生呈现了两种解答方法（课本所示）后，教师可组织学生讨论方法背后的想法，适时引导学生说思路。通过交流，还可以帮助解答水平较低的学生发展思维水平，提高解决问题的能力。

"解答正确吗?"这是问题解决的回顾与整理环节，在"实验版《数学》"中很少作明确要求。本次"修订版《数学》"则从"问题解决"教学内容的开始就作出明确要求。应该说,"解答正确吗?"这一个问题的提出,不仅仅要求学生去检验结果的正确与否,其更为主要的意义在于引导学生从接触"问题解决"的一开始就经历完整的问题解决过程,关注问题解决活动经验的积累。

当然,这种"三步三问"的编写方式,"修订版《数学》"从三年级开始又以"阅读与理解""分析与解答"以及"回顾与反思"等更为规范的表达方式作出要求,虽然表达方式改了,但价值是相同的,同样表明了教材重视"问题解决"基本活动经验的形成过程。

三、基于"修订版《数学》"的"问题解决"教学设计思考

基于以上分析,我们知道,"修订版《数学》"在"用数学"的课程目标定位上,已经从"解决问题"走向了"问题解决",这也促使相应内容在教学目标定位上从"解决问题"转向"问题解决",教学活动的设计、教学策略的选择与应用需更加突出"问题解决"内容学习的特点,应处理好"问题解决"的思维程序、知识技能应用以及解决问题能力、活动经验形成之间的关系。

(一)注重"问题解决"的程序思维,关注基本活动经验的形成

从原"教学大纲"的"应用题",到"课程标准"提出的"解决问题","立意要改变过去应用题只重视扎扎实实教'题'而忽视教学'应用'的状况,突出应用能力的培养"[①],并且在配套的"课标实验教科书"中也作了相应的调整,不再设置专门的"应用题"教学单元,取而代之的是"解决问题"单元,这可以理解为从目标到内容策略的改变。现《课标·2011版》又将"解决问题"调整为"问题解决",目标定位又从单一的关注数学问题的解决结果,扩展到数学问题解决的全过程,突出对问题解决过程的学习,突

---

① 刘娟娟. 从"应用题"到"解决问题"——小学数学解决问题的教育价值与教学研究 [J]. 南京晓庄学院学报, 2009 (2): 43-47.

出问题解决程序思维的经历、体验、探索，积累问题解决活动的基本经验。这些改变在"问题解决"教学活动的整体设计中，我们可以通过抓住三个要点加以体现。

1. 重视信息解读，经历审题过程

既然是"问题解决"教学，那么在学习方式和学习经验上便与一般的数学事实或数学技能的学习不尽相同。比如了解问题内涵，明确问题与信息关系，便是"问题解决"重要而又基础的工作。因此，问题解决教学时首先需要让学生树立重视对信息材料深入解读的意识，逐步培养学生解读信息的能力。具体而言，就是培养学生从信息材料出发去发现问题、提出问题的能力，或者从所需要解答的问题出发分析情境材料中有价值信息的能力。

2. 重视方法比较，促进思维发展

"解答问题"是"问题解决"的关键环节。因为在新课程理念指导下的"问题解决"重视解答方法的多样化，学生在解答问题过程中，可能会产生较多的问题解答方法。有时不同的解答方法反映的正是学生不同的思考过程和思维水平，于是引导学生进行方法比较，借助思考过程的展示交流，促进学生数学思维发展，同样是"问题解决"教学活动设计与教学策略选择的重要内容。

3. 重视梳理回顾，形成反思经验

学生在解决问题后的反思检验意识是极其薄弱的，"只有 9.2% 的学生做练习后能进行检查；从不检查的学生占了 69.9%"[1]，甚至高中生解题后反思状况也不容乐观。有教师用"你在解题后进行反思吗？"这个问题进行调查，选择"有时会"或者"没有"的学生超过 65%，而选"经常"的学生不到 35%。[2] 调查表明，学生在完成问题解答后，不太习惯进行检验。"修订版《数学》"在问题解决内容的编写中，以问题"解答正确吗？"或要求"回顾与反思"强调对问题解答结果、过程作检验与回顾，加强学生反思意

---

① 方永进. 小学生数学学习中反思情况调查研究 [EB/OL]. http://www.docin.com/p-316016533.html.

② 马进. 高中生数学解题后反思情况调查研究 [J]. 中国数学教育（高中版），2011（6）：7-8.

识培养的目的很明显。因此，作为教学实践者，落实课程理念，做好"回顾与反思"环节的设计，同样重要。也唯有经常组织学生进行问题解决后的"回顾与反思"，才能帮助学生养成"反思"的习惯，积累起相应的回顾与反思的活动经验。

（二）关注"问题解决"的核心要素，突出知识技能应用的价值

关注问题设计，重视问题的设计质量，是保证"问题解决"教学活动实施有效的关键。在解决问题教学中，一个好的数学问题，一般具有两方面的特点：一是利于学习者经历问题解决的过程，体会问题解决的程序思维，帮助其形成基本的活动经验；二是利于学习者体会相关数学知识的应用，在经历实际问题解决过程的同时，能够充分感受到数学学习的价值。当然，要在实际"问题解决"内容教学中体现"好问题"的教学价值，需要在"问题"的设计与使用上突出三个方面的要点。

1. 增强问题情境的现实性，唤起学生的生活经验

我们已经知道，新课程实验教科书的编写，无论是材料选择还是情境创设，都在努力体现问题的现实性。如前面提到的"二年级下册运用除法解决问题的例子"中，情境图是一个小朋友商场购物的场景，且在商品的呈现中，除了与例题相关的"地球仪8元"这个信息之外，还呈现了"小熊玩具6元""篮球9元"等信息，基本是模拟了一般商场中物品的摆放，大大丰富了现实元素，使问题更具"问题味"。教学中，教师可以将此类情境作为问题呈现的载体，引导学生从情境中发现问题，并且提出相关问题作为研究探讨的主题。教学实践告诉我们，应用现实性的问题情境引出问题，不仅可以唤起学生的生活经验，引导学生结合生活经验来解决问题，同时，如教材那种多信息的情境设计，还有利于组织学生提出更多的数学问题进行解答，从而做到及时巩固，有效促使问题解决活动经验的形成。

2. 增强问题内容的活动性，激活学生的主观体验

"问题解决"过程中的"问题"并不仅仅指结构简洁完整、解答方法唯一的问题，更应该是结构相对比较复杂，有时甚至是材料不完整、开放度较大的问题，甚至需要学生借助动手操作等具体的活动来完成的问题。教学

中，教师应该充分发挥活动材料的特点，引导学生亲身经历，切身体验。比如"修订版《数学》二年级上册《用一副三角尺拼出一个钝角》"这节问题解决课中，对于这个问题的解答，教学时更应该鼓励学生去用一副三角尺"拼一拼""摆一摆"，从而深刻体会三角尺上各个角的特征，发现三角尺上各个角之间的关系。

3. 增强问题思维的灵活性，激发学生的思考乐趣

传统教材在"应用题"设计中，因其结构呆板、过分强调数量关系的唯一性、思维角度单一、思考空间小、缺乏灵活性而被人批判。"修订版《数学》"在"问题解决"设计中，则很好地避免了这样的问题。其设计的问题，一般可以用多种方法解答，且不但体现了方法多元的特点，还能够让学生展示其不同的思考水平。教学中，教师完全可以放手让学生自己探索，形成基于孩子自身理解水平的解答方法，然后组织交流。如一年级上册《小丽和小宇之间有几个？》这节课，在解答问题过程中，有的学生可能是用数数来解决的，有的学生可能是借助画图来解决的，思考水平高且具有挑战意识的学生则可能是用运算来解决的。此时，教师便可以组织学生交流，分享思考过程，体会不同方法间的联系与区别。其间，因为方法多元和思维能力不同，探索解决问题的过程更具多样性和趣味性，思考问题的过程更具灵活性和挑战性，当然也更能实现知识应用的价值最大化。

（三）把握"问题解决"的学教规律，逐步提升学生解决问题的能力

以"四能"的要求来看，儿童从"发现问题"到"提出问题"，再到"分析问题"，最后"解决问题"的过程，本身便是一个复杂的思维活动，需要经历一个从直觉感知到信息加工，再到策略选择、解决问题的过程。甚至仅仅从"发现问题"到"提出问题"这一步来分析，就是一个信息"输入—转换—输出"的过程，涉及"图像语言"与"文字语言"表征方式的转换、联结。显然，这样的思维发展过程，不是通过一两节课就能培养的，而是需要一个较长时期的实践与体验才能达成的。因此，当"问题解决"作为数学学习的一个具体内容时，同样需要遵循儿童数学学习与数学课堂教学的一般规律。

1. "问题解决"教学的内容设计：遵循"从简单到复杂"的认知规律

作为活跃在教改最基层的一线教师，无论"课程标准"如何调整，都应该清楚地知道，学生"问题解决"能力的培养不是一蹴而就的，需要逐步培养；认识到"常规问题适合于学生学习数学事实，训练数学技能和技巧"，是"打基础"的。儿童对简单问题、直观形象问题、常规问题的学习是复杂问题、抽象问题、非常规问题学习的基础。因此，在"问题解决"教学的开始阶段，注重选择一些简单问题、常规问题作为组织学生学习的材料。当学生获得了一定的问题解决经验之后，再引导其解决复杂问题、非常规问题，真正进入到"问题解决"的学习之中，取得事半功倍的效果。毕竟"轻视常规问题，想一步登天，是不切实际的幻想"①。

2. "问题解决"教学的重点设定：把握"从单一到综合"的教学规律

问题解决能力的培养包含了发现与提出问题、分析与解决问题等几个方面，而且这几个方面的能力发展并不是齐头并进的。从教学目标的定位来看，也确实需要教师在教学过程中分阶段、有侧重、有指导地进行培养，在不同的学习阶段有所侧重。比如，第一学段"问题解决"教学的重点应该是"发现问题"与"提出问题"能力的培养。特别是一年级上学期更是需要将对"问题感知"能力的培养作为重中之重，教师更应该将教学的重点放在"解读信息"及"根据信息提出问题"等方面，以帮助这一时期的孩子积累起"条件信息"与"问题信息"的解读经验，培养孩子处理这两种信息间转换的能力，从而促进孩子"发现问题"与"提出问题"的能力的提高。而到了中高年段，则需要将"问题解决"的教学重点移到"分析问题"与"解决问题"之上，从而切实提高学生"问题解决"的能力。

总之，我们的"问题解决"教学活动设计与实践，唯有遵循学与教的规律，才能使"问题解决"的教学目标实现更加顺利、有效。

---

① 唐彩斌. 问题解决与小学数学教学——张奠宙教授访谈录 [J]. 小学教学（数学版），2008（1）：4-6.

第二章

聚焦教学内容的理解转化

小学数学教学研究中，数学知识本身所具有的系统性特征与学生自身的认知心理成为了"学"与"教"研究重要的两个维度。当学科知识以学习内容呈现于教材时，则更多是以"分段呈现"和"螺旋上升"的方式进行编写的。这样的编写特点，对一线教师定位"学"与"教"活动的具体目标起着极其重要的作用。

教学内容是需要系统解读的

——由一个教学片段引发的思考

　　曾经听一位教师执教人教版课标实验教材二年级下册的一节内容——《解决问题》的例3。课堂上，教师首先组织学生了解主题情境图（如下图）的图意，然后提出问题：这里一共有多少人？学生思考了一会儿，纷纷举手发言。

　　生：3×4+7=19（人）。

　　生：2×6+7=19（人）。

　　生：5×4-1=19（人）。

　　生：2×9+1=19（人）。

生：12+3+4=19（人）。

生：$4 \times 6 - 5 = 19$（人）。

看着学生发言的积极性这么高，教师也很满意，及时表扬学生真会动脑筋，并让学生说说每一种算法的具体思路。

课后，我们针对"这节内容的目标怎样定位？到底要给予学生怎样的收获？"等问题进行了探讨。在和执教教师的交流中，执教教师谈到本节课的内容与二年级上册中的一节内容有点相似，对教材为什么这样编排不是很理解。于是我们找来了二年级上册的教材，就"两节内容在不同的年段出现，目标有何差异？教学时应该如何进行处理？"等问题进行深入研讨和思考。

一、问题在哪里？——两节内容的比较分析

人教版课标实验教材二年级上册《乘加、乘减式题》，主题情境（如下图）呈现了一幅小熊掰玉米的画面。小熊掰了玉米棒高高兴兴地走了，小鸟提出了"还剩几个玉米"的问题，教材呈现了三种解决问题的方法。这三种思考方法，显然是教材建议我们老师在教学中引导学生理解的，因为这是研究学习"乘加、乘减运算"的必要材料。从教材编写的体系来分析，本节内容安排在学生学习了"乘法的概念"及"2～5的乘法口诀"之后，一是让学生初步感知"乘加、乘减式题"的结构；二是帮助学生进一步巩固乘法的

意义，进一步理解"几个相同加数相加可以用乘法来计算"的道理。在运算过程上只是对"乘加、乘减"的运算顺序有所渗透。因此，实际教学中，教师要尽可能地借助主题情境图，引导学生展示交流不同的方法，并能结合具体情境说明"3×3+2""4×3-1"等算式所表示的意义。

而二年级下册《解决问题》这节内容，其意图有着明显的不同。作为解决问题教学的一块内容，编写者的目的，并不仅仅要解决"一共有多少人"这个问题，而在于引导学生通过对主题情境的观察、分析，能够发现问题、提出问题，然后才是解决问题。在解决问题过程中，教师又着重引导学生呈现解题策略，进行互动交流，完善思维过程。其间学生原有的经验、直觉及其他一些富有个性化的解题策略均是解决问题的有效策略。

基于此来分析本文开头的教学片段，教师只关注学生解题策略的多样呈现，忽视数学问题的提出，这是偏离本节课作为解决问题教学课的目标的，其实施的过程削弱了本节内容的教学价值。难怪课堂教学过程与《乘加、乘减式题》的教学有重复之嫌，似乎只是《乘加、乘减式题》的练习课。

二、问题是怎样产生的？——教师教学理念的剖析

《课标·实验稿》的"教材编写建议"中明确指出："根据学生已有经验、心理发展规律以及所学内容的特点，一些重要的数学概念与数学思想方法应采用逐步渗透、深化、螺旋上升的方式编排，以便逐步实现本学段的学习目标。按这种方式编排的有关内容，既要注意其间的承继关系，又要避免不必要的重复。"经过第一学段的教学，我们发现《课标·实验稿》的这一教学建议在人教版课标实验教材中得到了很好的体现。但是在实际教学中要准确把握数学知识的"螺旋上升"并不是一件简单的事，其原因是当一些重要的数学概念与数学思想方法在不同阶段出现时，教师们普遍感到教材编排意图难以吃透，教学目标难以把握。因此，当这些重要的数学概念与数学思想方法重复出现时，有些教师则如同教学新概念一样进行教学，有些教师则拔高教学要求。产生这种情况的原因，我们认为主要有两个：

（一）何为"螺旋上升"教师不是太清楚，造成对教材的编写意图不理解

"螺旋上升"这一概念出自哲学中的"螺旋式上升"，它是对事物发展进程的形象描述，意指事物因内部矛盾而引起的从低级到高级、从简单到复杂的曲折前进的运动方式。这种运动方式最大的特点是具有周期性。而这种周期性并不是简单的重复，更不是从一个起点回到了原来的起点的周而复始的循环，而是每一个周期的终点同时又是下一个周期的开始，从而出现了螺旋式的上升运动。数学知识"螺旋上升"式的编排方式，符合学生的认知特点。因为学生对数学知识的理解和掌握的过程，正是一个从低级到高级、从简单到复杂的曲折过程。因此，只有当我们真正了解了数学知识"螺旋上升"的特点，那么当一些重要的数学概念与数学思想方法在不同阶段或不同知识体系中出现时，我们才能从大方向上把握这些概念该怎样教。

（二）教师缺乏系统解读教材的意识和能力，造成他们孤立地"教"教材

在实际的教学中，由于教师任教年级一般以年级段为循环（一般是"三段式"），有时甚至长时间任某个年级，很多教师没有深入接触年级段以外的相关教材，造成他们只关心眼前的教材是怎么编排的，而很少顾及目前的这一教学内容在此以前是怎么编排的，在以后的教学中又会怎样出现，本节内容教材这样编排其用意何在。因此，当一些重要的数学概念与数学思想方法重复出现时，无法弄清它们的起点在哪里，是为后继学习中什么知识的学习服务的等系统把握教材的关键问题，从而造成他们孤立地"教"教材，对教材内容"螺旋上升"的特点置若罔闻。事实上把握教材的设计意图，是合理设置教学环节的重要基础。

三、如何有效解读教材？——系统解读新教材的策略

实践表明，系统研读教材是教师课前备课时必须做好的一项工作。教师

对教学内容的认识应该放到数学知识的结构链中去理解，把握每一个知识点在相关的知识链中所处的位置，充分认清相关知识的"学习基础是什么，它又是为后续什么知识的学习服务的"等问题，然后作出准确的目标定位。只有这样，教师在实际的教学过程中，才能做到充分实现教材编写者的编写意图，达成相应的课程目标。下面我们以人教版课标实验教材中"连加、连减两步计算式题"为例，具体谈一谈系统分析教材的策略。

（一）明确相关内容在不同阶段的着力点

"连加、连减两步计算式题"第一次出现在一年级上册（主题情境图如右），安排在"6～10的认识"之后，"11～20各数的认识"之前。因为是第一次出现两步计算式题，因此，引导学生在初步理解加减法意义的基础上，"让学生知道计算连加、连减的式题按从左往右依次计算的运算顺序进行计算，初步学会两步计算式题的方法"是本节内容的重要目标。

$$5 + 2 + 1 = 8$$

$$8 - 2 - 2 = 4$$

当"连加、连减两步计算式题"在教材二年级上册（如下页左图）出现时，学生已经学习了"两位数加减两位数""用竖式计算加减法"的知识，对"加减法"的认识已经积累了相当丰富的经验，并且学生虽然没有学习加法交换律、结合律等运算定律，但对"交换两个加数和不变"的特点有比较丰富的直观体验。因此，本节内容虽然仍然是"连加、连减两步计算式题"教学，但目标定位显然高于前一次出现时的要求了。"会用竖式计算连加、连减两步计算式题，并能灵活把握运算顺序"是比较合理的目标定位。

而再次出现"加减两步计算式题"的内容，则是在二年级下册的"解决问题"教学中（如下右图）。此时，如解决"游乐场中学生在看木偶戏，原来有 22 人在看戏，6 人走了，又来了 13 人来看戏。现在看戏的有多少人？"这类问题是以计算"加减（包括连加、连减）两步计算式题"为基础的。对"加减（包括连加、连减）两步计算式题"的定位既是提出这类问题的载体，又是解决这类问题的工具。于是，本节课的重点是：引导学生提出需要用"加减（包括连加、连减）两步计算"来解决的问题，并能用解决"加减（包括连加、连减）两步计算式题"的方法来解决此类问题。

（二）把握各知识点之间的联系与区别

通过对相关内容在不同阶段的教学目标进行分析，我们发现，"连加、连减两步计算式题"在不同年级段出现时，既是上一阶段知识的延续，又是基于一个新的立足点，充分体现了"螺旋上升"的特点。一年级上册中出现，在进一步理解"加法、减法"意义的基础上，重点解决运算顺序，规范运算顺序，使学生能够感悟到"连加、连减式题"的运算过程，其实是加法、减法的引申，计算时有一定的规范要求，从而促使学生在理解"连加、连减意义"的基础上初步掌握运算方法。

当这块内容在二年级上册中出现时，虽然在意义上承继了一年级上册的内容，但由于学习材料的变化，其认知要求也相应提高。首先体现在加数从一位数拓展到了两位数，并增加了竖式计算；其次在呈现方式上也发生了变化，由一年级上册教材中仅仅呈现情境图之外，还以统计表的形式呈现了相关数据，教材情境图失去了动态表达运算顺序过程的意义，表明在计算28+34+23时，学生既可以按照一年级所学的"从左往右"的运算顺序进行计算，也可以在竖式计算中，先算后面两个数的和，再加上第一个数。这在解题策略上增加了开放性，既培养了学生的计算技能，又为后续学习奠定了基础。

而在二年级下册中，与解决问题相结合，这样可以减少单纯的计算训练，组织学生在解决问题的同时进行计算训练，提高学生的计算技能。

（三）设计针对性的教学策略

教材的解读是否体现了系统性，最终反映在教师的教学过程中，所采用的教学策略中。如"连加、连减两步式题"第一次出现时，教材呈现的情境更重要的目的不是为了引出算式，而是为学生理解运算过程服务的。因此，教学中，当计算5+2+1时，教师必须引导学生从情境图"草地上有5只小鸡，先走来了2只，又走来了1只"来理解为什么先算5加2，而不是先算2加1。如果有学生认为先算2加1，再加上5，结果虽然是相同的，但教师在肯定结果的基础上，仍然需要呈现2+1+5这个式子与学生的口述不对应，同时引导学生从情境图中去理解所表示的式子的意义，从而帮助学生充分理解在同一级运算中，"从左往右依次计算"的运算顺序。同样，在连减式题计算方法教学中，也需要学生找到（或由教师帮助找到）对应的情境图来解释，借助情境来理解运算过程。

而二年级上册教学"连加、连减两步计算式题"时，教学策略的开放度必须增大。从列式到计算，更多的是由学生独立来完成。在此基础上引导学生分析解读运算过程。此时，教师对算式意义的理解可以弱化，对计算技能的关注则需强化，从而为后面学习"加减混合运算式题"进行适当渗透。如计算"车里有乘客24人，到新村站上车18人，下车16人。这时车里有乘客多少人？"这一问题，得到算式24+18-16和24-16+18时，可引导学生进行计算过程的比较，引导学生认识到四则计算与生活情境之间的联系与区别。

在二年级下册《解决问题》教学中出现"连加、连减两步计算式题"的内容，教师教学时的侧重点则围绕两条线来展开教学。一是观察情境图，提出可以用"加减混合（包括连加、连减）两步计算来解决"的数学问题。当然，因为本节内容的主题情境比较复杂（或者说杂乱），教师首先需要引导学生对情境有所理解，再组织学生提出相关的问题。二是在解决问题过程中，理解多样的解题策略所依据的数量关系，帮助学生初步构建起解决"加减混合（包括连加、连减）两步计算问题"的解题模型。如在解决"现在看戏的有多少人？"这个问题时，教师不应该满足于学生会算出结果，而应把重点放在引导学生表述"加减两步计算问题"的解题思路上，展示"先算什么，再算什么"的思维过程，能够结合加减运算的意义去分析生活中的问题，最终建构起解决两步计算应用问题的解题模式。

总而言之，在整个教学过程中，教师有着首先理解教材，深入挖掘教材所提供的学习材料内在意义的义务和权利。当教师把教材内容纳入到自身的课堂教学过程之中时，它是一种创造性的劳动。但这种创造性并不是指对教材的无目的处理。它是建立在对教材进行了系统分析，准确把握教材编写意图的基础之上的处理。实践中，教材无非是个例子。教师在使用教材时，是可以对教材内容作适当的改变的。但这并不表示，教材本身所具有的系统性可以无原则打破。教师在处理和应用教材时，对教材给予学生不同学习阶段的教学价值进行充分的理解和把握是前提。

❷ "螺旋上升"的价值实现于教学目标的准确定位

——"小数概念"教学的实践与思考

什么是小数？《小学数学基础理论和教法》上给出的定义是："根据十进位制的位值原则，把十进分数改写成不带分母的形式的数叫做小数。"[①] 可见，小数的本质意义是分数。作为"数的认识"的内容，"小数概念"教学的编排经历了"分—合—分"的历史演变。课标把"小数概念"教学分为两个阶段，与之相配套的各类教材中，第一学段三年级下册以"小数的初步认识"编入，第二学段四年级下册起系统认识小数。《小数的意义》一课为第二学段系统认识小数的起始课。这样的编排，符合"按照儿童的认知规律和数学知识的内在联系"，"由浅入深，由易到难，循序渐进，螺旋上升"[②] 的编排意图。然而要真正把教材编排的意图在教学实践中体现出来，其前提在于教师对分段后各层次教学内容教学目标的准确把握。但在实践中，一线教师对这两节内容设计意图把握不清晰，造成教学目标定位不恰当的现象屡屡发生。因此，我们很有必要对"小数概念"教学两个不同阶段的内容作深入解读与分析。

---

① 洪潮，王明欢，周华辅，等．小学数学基础理论和教法（第一册）[M]．北京：人民教育出版社，1984：199.

② 黄建弘．小学数学课程标准比较研究 [M]．上海：华东师范大学出版社，2001：25.

一、教材内容解读与教学目标定位

数学知识"螺旋上升"式的编排方式,基于学生对数学知识的理解和掌握的过程,正是一个从低级到高级、从简单到复杂的曲折过程,符合学生的认知特点。那么,如何以"螺旋上升"的思想解读《小数的初步认识》和《小数的意义和性质》这两节内容呢?

(一)《小数的初步认识》——唤醒学生经验中的"小数"

从教材主题图及例题情境可以看出,人教版三年级下册《小数的初步认识》一课虽然安排在三年级上册《分数的初步认识》之后,但引导学生"结合具体情境解释情境中某个具体小数的含义",借助学生丰富的生活经验(如"人民币单位""长度单位"间的进率),初步感知"小数"与"分数"之间的联系,是这节课的重点教学内容。

在笔者的理解中,更愿意把《小数的初步认识》作为系统学习"小数"的准备课来处理。因为《小数的初步认识》一课还没有真正切入到小数的本质内涵上来。这节内容更侧重于为学生呈现经验认识的东西,引导学生将对小数与分数已有的认识经验全部暴露出来,并借助某个具体量来初步感知小数与分数间的关系,进而达到直观认识小数的目的。这种认识仅仅是一种直观层面的连接,不具有结构化与抽象归纳的特征。笔者以为,在本节内容中,"小数"与"分数"间的联系是试图通过一个具体的量来建立的。如"1角可以用0.1元来表示","1角也可以用 $\frac{1}{10}$ 元来表示",引导学生感知0.1元和 $\frac{1}{10}$ 元可以表示同一个量。教材没有上升到"0.1元 = $\frac{1}{10}$ 元"的要求,更没有出现"$0.1 = \frac{1}{10}$"这样的要求。又如例1中出现:1分米是 $\frac{1}{10}$ 米,还可以写成0.1米;1厘米是 $\frac{1}{100}$ 米,还可以写成0.01米;"做一做"中出现:7角是 $\frac{(\quad)}{(\quad)}$ 元,还可以写成( )元。这些"还可以"的表述均表示了这样的定位。

7 小数的初步认识

认识小数

商品名称	价格/元	表示
火腿肠	5.98	___元___角___分
牛奶	0.85	___元___角___分
面包	2.60	___元___角___分

像 5.98、0.85 和 2.60 这样的数叫做小数。"."叫做小数点。

你会读小数吗？你还在哪里见过小数？

自动铅笔芯的规格是 0.5 毫米。

数学书的价钱是 5.05 元。

1 瓶饮料有 1.25 升。

王东身高 1 米 30 厘米。

只用米作单位怎样表示？

(1) 把 1 米平均分成 10 份，每份是 1 分米。

1 分米是 $\frac{1}{10}$ 米，还可以写成 0.1 米。

3 分米是 $\frac{3}{10}$ 米，还可以写成 0.3 米。

(2) 把 1 米平均分成 100 份，每份是 1 厘米。

1 厘米是 $\frac{1}{100}$ 米，还可以写成 0.01 米。

3 厘米是 $\frac{(\ )}{(\ )}$ 米，还可以写成（ ）米。

18 厘米是 $\frac{(\ )}{(\ )}$ 米，还可以写成（ ）米。

(3) 王东身高 1 米 30 厘米，写成小数是（ ）米。

做一做

1. 1 元是 10 角。

7 角是 $\frac{(\ )}{(\ )}$ 元，还可以写成（ ）元。

2. 1 元是 100 分。

7 分是 $\frac{(\ )}{(\ )}$ 元，还可以写成（ ）元。

（二）《小数的意义和性质》——追求"小数"概念的数学理解

概念的建立是一个系统过程，有些概念的认识是一种"前概念"否定之否定的过程，是一个不断累积与升华的过程。对于学生来说，因为对"小数"的认识经验，起始于生活，其前概念具有丰富的感性材料作支撑。当然，学生对"小数概念"的认识不能仅仅停留于此，于是在《小数的意义和性质》一课的教学中，更多关注了数学知识内在逻辑结构。

《小数的意义和性质》一课，人教版教材编排在四年级下册。同样从教材呈现的主题图与例题来分析，这节内容的重点是帮助学生建立"小数是十进分数的另一种表示形式"的概念，即形成"一位小数表示是十分之几的分数，两位小数表示的是百分之几的分数，三位小数表示的是千分之几的分数……"。教材则以"对应"的方式表达的：

4 小数的意义和性质

1.小数的意义和读写法

小数的产生和意义

多出1分米。

2分米。

用米作单位，不够1米怎么办？

在进行测量和计算时，往往不能正好得到整数的结果，这时常用小数来表示。

1 把1米平均分成10份。

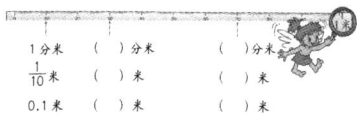

1分米	（　）分米	（　）分米
$\frac{1}{10}$米	（　）米	（　）米
0.1米	（　）米	（　）米

把1米平均分成100份。

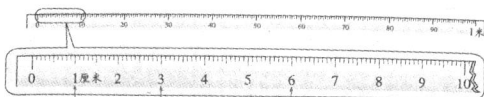

$\frac{1}{100}$米	（　）米	（　）米
0.01米	（　）米	（　）米

把1米平均分成1000份。

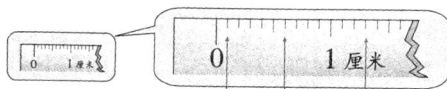

$\frac{1}{1000}$米	（　）米	（　）米
0.001米	（　）米	（　）米

分母是10、100、1000……的分数可以用小数表示。

小数的计数单位是十分之一、百分之一、千分之一……分别写作0.1、0.01、0.001……

每相邻两个计数单位间的进率是（　）。

1分米	1厘米	1毫米
$\frac{1}{10}$米	$\frac{1}{100}$米	$\frac{1}{1000}$米
0.1米	0.01米	0.001米

最后得出：分母是10、100、1000……的分数可以用小数来表示。

笔者明显感觉到，教材有意识地把关注"一位小数、两位小数以及三位小数与十分之几、百分之几、千分之几之间的对应关系"，作为引导学生理解"一位小数表示十分之几、两位小数表示百分之几、三位小数表示千分之几"这一本质内涵的重要过程，充分体现了教材编写者意欲利用数学知识内在的逻辑结构，帮助学生理解"小数即是十进分数的另一种表示形式"的意义。

综合以上分析，笔者认为，三年级下册《小数的初步认识》更多关注了小数与分数之间的线性连接；四年级下册《小数的意义和性质》则注重"小数概念"数学内涵层面上材料的呈现。于是，两节内容的核心目标也就可以这样来确定了：

《小数的初步认识》教学的核心目标：引导学生理解具体情境中小数的含义，知道以"元""米"等作单位表示具体量的小数各个数位上的数所表示的意义；结合具体情境，知道十分之几可以用一位小数表示，百分之几可以用两位小数表示。

《小数的意义和性质》教学的核心目标：在探究小数与十进分数内在联系的基础上，理解小数的意义，知道一位小数表示十分之几，两位小数表示百分之几，三位小数表示千分之几……

二、核心活动设计与分析

（一）《小数的初步认识》核心活动设计与分析

【核心活动的设计】

活动一：以"元"作单位的小数含义理解。

选择一个以"元"作单位的小数，请学生说一说这个小数的具体含义，唤起学生经验中对"元"作单位小数的认知：小数点左边的数表示元，小数点右边第一位上的数表示角，小数点右边第二位上的数表示分。如：2.95 元也就是 2 元 9 角 5 分。

结合一定的练习，如 5 角是（　　）元，1 元 7 角是（　　）元，1 元 7 分是（　　）元等，引导得出以"元"作单位的小数的具体含义。

同样的方式组织进行以"米"作单位的小数含义理解。

活动二：感知小数与十进分数的关系。

以 1 米长的线段为材料，画出 1 分米长度。

让学生猜一猜这一段有多长。当学生答出 1 分米后，请其说说是怎样看出 1 分米的，引导学生回顾把 1 米平均分成 10 份，其中的 1 份就是十分之一米。

引导得出：这一段还可以看成是 0.1 米。帮助学生感悟 1 分米的一段，

既可以用 $\frac{1}{10}$ 米来表示，也可以用 0.1 米来表示。

延伸：那 7 分米呢？9 分米呢？

最后归纳：几分米，当我们要用"米"作单位时，既可以写成十分之几的分数，又可以写成一位小数。

【分析】

以上活动设计体现了两个方面的特点：

1. 充分利用学生已有的经验

小数虽然源于分数，但从学生的现实来分析，学生对小数的认识有着相当丰富的感性认识，对在具体情境中的小数的含义理解很有经验，特别是计量长度和价格时所用的小数。因此，用好学生的经验，抓住学生原有的认知起点，是这节课的首要策略。

以上活动用好了学生两个层面的经验：一是生活经验。如带长度单位的小数、带货币单位的小数、带质量单位的小数等。因为这些小数有具体背景作支撑，大多数学生对其有一定的认识。如学生知道"5.9 元表示 5 元 9 角"，"4.15 元表示 4 元 1 角 5 分"，这是学生提炼归纳"以'元'作单位的小数，小数点左边的数表示'元'，右边第一位上的数表示'角'，第二位上的数表示'分'"的基础。又如知道"1.73 米表示 1 米 73 厘米或 1 米 7 分米 3 厘米"，这又为理解归纳"以'米'作单位的小数，小数点左边的数表示'米'，右边第一位上的数表示'分米'，第二位上的数表示'厘米'"作了准备。二是对"分数初步认识"的数学经验。如把 1 米长的线段平均分成 10 份，其中的 1 份既是 1 分米，也是 1 米的 $\frac{1}{10}$，也就是 $\frac{1}{10}$ 米。

2. 巧妙架设小数与分数间"贯通"的桥梁

本节课要达成的目标是让学生初步感悟小数与分数间的联系，帮助学生初步积累"一个具体量可以用十进分数表示时，那么它也可以用相应的小数来表示"的直观经验。

如在"十分之几米"和"一位小数表示的米数"关系教学中，我们不强求每一个学生都知道"一位小数表示的米数等于十分之几米"，没有提升到脱离具体情境来认识小数与十进分数之间的关系（如 $0.1=\frac{1}{10}$）。我们更多以实例来引导学生感悟两者之间的关系。如"1分米可以用$\frac{1}{10}$米表示，还可以用0.1米表示"，"9分米可以用$\frac{9}{10}$米表示，还可以用0.9米表示"，"0.4米表示4分米，还表示$\frac{4}{10}$米"……在这样一个过程中，突出了1分米、9分米、4分米等具体量在学生感知"十分之几米"和"一位小数表示的米数"的关系中"桥梁"的作用，既注意了知识点上的渗透，又关注了知识面上的沟通，使学生对"小数"的认识过程更具伸展性，有利于学生在系统学习小数之前积累更为丰富的感性经验。

（二）《小数的意义》核心活动设计与分析

【核心活动的设计】

活动一：认识"一位小数表示十分之几"。

出示正方形纸片：如果用这张正方形的纸来表示1元，那么这里的2元怎样来表示呢？0.1元呢？到不到1张纸？那到底是多大的一块呢？你能不能把它表示出来？请你通过分一分、画一画，表示出0.1元。

学生操作后展示：这张纸的$\frac{1}{10}$就是0.1元。

先指名说说是怎么想的，接着引导学生进行抽象与提升：小数0.1表示什么意义呢？请学生表达并结合媒体演示：把1张纸平均分成10份，表示其中的1份。

追问：0.2、0.3……0.9呢？教师结合学生回答顺势板书：$0.1=\frac{1}{10}$、$0.2=\frac{2}{10}$……$0.9=\frac{9}{10}$。引导思考：1里面有几个0.1？

小结：像这样小数点后面只有一位的小数，我们把它叫作一位小数。那请你想一想，一位小数表示什么意义呢？（十分之几的分数）

活动二：认识"两位小数表示百分之几"。

引导：刚才同学们已经知道了一位小数表示的是十分之几的分数，那两位小数又表示什么呢？我们以0.01为例，如果把这个正方形看作"1"，要表示出"0.01"那么大的一块，你会怎么做呢？

独立思考→同桌交流→指名说→课件演示（如右图）：

$\dfrac{1}{100}$

0.01 →

提问：从这个图上你还能看到别的小数吗？（空白部分是 0.99）0.99 表示什么？

追问：1 里面有几个 0.01？ 0.1 和 0.01 有怎样的关系呢？

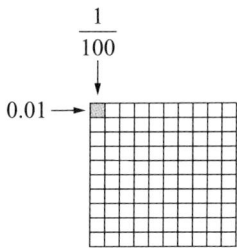

要表示出 0.18，该怎么涂？如果继续涂下去，还能表示哪些小数呢？请你先涂一涂，再写出这个小数。

学生独立操作后反馈交流，并出示一个小数（如 0.27），让学生猜猜是怎么涂的。

小结得出：两位小数表示百分之几。

【分析】

与《小数的初步认识》一课的教学相比，本节课中的活动又具有以下两个特点：

1. 在思维层次上明显提高了要求，增强了思维的挑战性

从以上教学活动可以明显感受到，学生学习过程中的思维要求高了，思维空间变宽了。如开头学生独立探究"1 张正方形纸片上表示 0.1"。这是沟通小数与分数关系的关键活动，也是学生从直观经验上升到数学理解的重要过程。但本操作过程需要有两个层面知识认识和思考能力的支撑：一是对小数与分数之间关系的初步认同；二是分数意义的初步理解，即能够以实物或图形表示出某个分数的能力（此处是把一张正方形纸片平均分成 10 份）。因为本活动是在课的起始部分就进行了，对学生的思维来说具有很强的挑战性。

本节课第二个思维活动落在"思考 0.01 如何在正方形纸片上表示出来"。这是一位小数到两位小数的扩展，是深入理解小数意义的又一关键活动。而当需要学生思考"1 里面有几个 0.1？有几个 0.01？ 0.1 与 0.01 有怎样的关系？"等问题时，虽有直观图形作支撑，但更多是数学层面上的抽象分析与思考，对学生思维的挑战性更强了。

2. 在概念认识上突出了数学知识内在的逻辑结构，增强了概念呈现的系统性

小数意义的建立，并不是仅仅依据对某一个具体小数的理解就能完成的。从数概念的认识规律来看，小数概念的建立同样需要实物、图形、符号以及丰富的对象刺激等过程，且小数概念的体系，不仅仅指某个具体单独的数，它更包括数的组成、数位位值关系、数与数之间的联系等。从以上的活动可以看出，教师在《小数的意义和性质》的理解教学中，不仅仅呈现了丰富的数，还不断引导学生思考数与数之间的联系（如 0.1、0.2、0.3……0.9；0.1 与 0.01 之间的关系等），呈现一系列的数及数的组成图式，沟通一位小数、两位小数、三位小数等关系的符号，意在引导学生能够在一个系统性较强的层面上认识小数，理解小数的意义。这也是有别于《小数的初步认识》教学的关键之处。

③ 探寻"转化"背后的教学价值

——谈化归思想在"平面图形面积计算"教学中的价值及实现策略

所谓化归，简言之，就是将一种形式转化归结为另外一种形式的过程。化归思想作为一种数学思想方法，其基本的思维方式"不是对所给的问题作出正面的解决，而是不断地将问题变形，直到把它转化成能够得到解决的问题"[①]。在小学数学知识的学习中，由于化归思想把新的数学知识的学习，或者新的数学问题的解决，"转化归结为已知的解决数学问题的基本方法的过程"[②]，在思维方式上为学生解决新问题提供了可能，所以应用极其广泛。这样的过程，无论是在问题解决的结果上，还是在问题解决的过程上，均让学生体会到了数学学习的满足感。本文以平面图形面积计算知识的学习为例，探讨小学阶段不同平面图形面积计算教学中化归思想的教学价值及其教学策略，旨在为一线教师引导学生用好"化归法"提供借鉴。

一、化归思想在不同平面图形面积计算教学中的价值

从平面图形的认识教学来看，长方形、正方形是基础，平行四边形、三角形、梯形则是系统认识图形的开始，而圆的认识又是曲线图形认识的起

---

① 杨庆余，俞耀明，孔企平.现代数学思想方法 [M].贵阳：贵州人民出版社，1994：195-196.

② 同上。

始。同样在面积计算方法的学习上，也分为这样的三个阶段。人教版教材是这样安排的：第一学段三年级下册学习长方形、正方形面积计算，第二学段五年级上册学习平行四边形、三角形和梯形的面积计算，六年级上册学习圆的面积计算。这三个阶段中，长方形、平行四边形及圆的面积计算方法的探究教学又是平面图形面积计算方法探究的三个"节点"。笔者现就这三个"节点"图形面积计算方法探究过程中化归思想方法的教学价值作一下分析与解读。

（一）"长方形面积计算"教学中的化归思想解读

我们知道，"长方形面积计算"是平面图形面积计算教学的起始课，是以后进行平行四边形、三角形、梯形及圆等平面图形面积计算方法学习的基础。从教材编排的顺序来看，"长方形面积计算"是紧接着"面积意义及面积单位"知识的学习编排的。我们又可以这样认为，学生学习"长方形面积"的基础是对面积意义的理解，而面积概念的出现是学生认识事物从一维视角走向二维视角的开始。因此，笔者认为，长方形面积计算方法探究中化归思想的价值，更多是帮助学生沟通一维长度属性与二维平面属性间的联系，扩展学生认识图形的基本视点，培养空间观念。如计算一个长 4 厘米、宽 3 厘米的长方形的面积，已知的信息是线段的长度，而所求的问题则是图形的面积，于是，学生的思维中需要把新问题作如下转化：

长 4 厘米，其实是说明我们可以沿着长边摆 4 个面积单位（此时的面积单位为 1 平方厘米的正方形），根据宽 3 厘米，又得到"可以这样摆 3 行"这一信息。当我们得到了 4×3 总共 12 个面积单位时，也就得出了这个长方形的面积是 12 平方厘米，用图示可以表示如下：

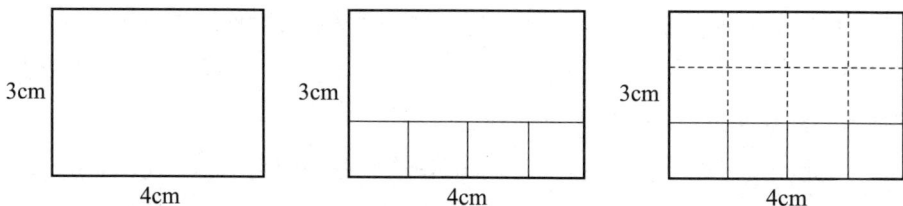

此时"化归"的思维过程，更多指向于回归面积本源，借助面积单位的特点，找到长度属性与面积属性之间的连接点和对应关系，从而解决新问题。而如同这样的化归，在后续学习长方体的体积计算教学中，引导学生从一维长度属性、二维面积属性扩展到三维体积属性的认识时同样适用。

（二）"平行四边形面积计算"教学中的化归思想解读

"平行四边形面积计算"是在学生已经掌握长方形、正方形面积计算方法之后教学的，并且有对平行四边形特征及长方形与平行四边形间关系（长方形、正方形是特殊的平行四边形）的理解作基础，学生在寻求解决平行四边形面积计算方法时，比较容易想到借助长方形的面积计算方法来解决。其化归过程中的思维方式，其实很简单，把平行四边形转化为长方形（或正方形）。然而，把平行四边形转化为长方形的过程却并不简单，甚至有点复杂。因为把一个平行四边形转化成一个长方形，有两条途径可走：一是"拉动"转化（如下左图），二是"剪拼"转化（如下右图）。

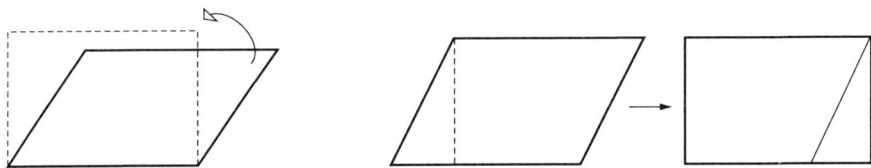

在对平行四边形面积计算方法的探究中，因为有着平行四边形与长方形间关系的强刺激，且已经知道长方形面积计算方法"长 × 宽"（即邻边相乘），学生计算平行四边形面积的第一反应即用"邻边相乘"来计算。这其实是以"拉动"转化的方式完成了从平行四边形到长方形的转化。当然，这样来计算平行四边形的面积显然是错误的。这可以从原平行四边形面积与拉动后的长方形面积的比较中可知（可用方格纸来进行验证，也可用重叠剪拼来验证）。当学生从"拉动"转化的误区中走出来后，也便比较容易理解用"剪拼"转化来计算平行四边形面积的方法了。

因此，笔者以为，在平行四边形面积计算方法探究中，对化归思想的体验应更多指向于引导学生把握化归思想中"变"与"不变"的关系，让学生体会到"形状求变"是策略，但"大小不变"是基础，即转化过程中，面积不变是基本保证。如同这样的化归思想，在后续三角形、梯形面积计算方法的探究中同样适用。

（三）"圆的面积计算"教学中化归思想解读

"圆的面积计算"是基于圆的认识学习的。因为圆是一个由曲线围成的图形，与前面所学平面图形有着很大的不同，求它的面积是一个典型的新问题。在这里，要把这样一个新问题转化成已经学过的老问题，还是有相当大的难度的。这里既涉及化曲为直的思想，又涉及极限思想。此时"化归法"的应用，其实是打破学生原有思维模式的一次拓展性活动，需要借助一定的支撑点，有时需要教师提供一定的帮助。一般把握两个层次：

一是化归意识的唤起。借助以前平面图形面积计算方法探究经验，努力去实现把圆转化为已学过的平面图形，找出两者之间的联系，从而解决新问题。

二是化归目标的确定。把圆转化成什么图形比较合适，这是需要教师提供帮助的主要环节。有些教材选择了把圆转化成长方形，如人教版教材；有些教材则提供了更多的选择，转化成正方形（如苏教版），还有的转化为三角形、梯形等（如浙教版）。无论转化成什么图形，在这次面积计算方法探究过程中，"化曲为直"的思维方式是一种创新。

因此，笔者认为，在圆面积计算方法的探究中，化归思想的体验是指向于化归思想的提升来说的，是一种打破固有思维模式的化归思路的拓宽，是有创造性价值的。当然圆面积计算教学的转化思想，在后续学习圆柱的体积教学时会再次用到。

二、化归思想方法在不同平面图形面积计算教学中的应用策略

基于以上分析，因为不同平面图形面积计算教学中的化归过程的价值不同，所以我们在教学实践中，需采用不同的教学策略来实现相应的教学价值。

（一）"长方形面积计算"教学：追本溯源，体味化归思想的价值

对计算一个具体长方形的面积，学生并不是一张白纸。笔者曾在执教《长方形面积计算》一课前，对任教班级的学生作过一次调查，发现有 43% 的学生已经知道长方形的面积是用"长 × 宽"计算的。那么，《长方形面积计算》一课的教学，是不是仅仅着眼于学生会算面积呢？当然不是。因为"面积"是人们从一维空间拓展到二维空间来认识事物的重要载体。作为面积计算教学的起始课，理解长方形面积计算公式的基础应该是面积的意义。因此，本节内容除了让学生知道长方形的面积确实可以用"长 × 宽"来计算这一显性知识之外，还有另外一个功能，即促进学生加深对面积意义的理解，让学生知道与"长"相对应的是沿着长边可以摆几个相应的面积单位，与"宽"相对应的是沿着宽能这样摆几行，"长 × 宽"即是算出此长方形所包含的面积单位的个数，引导学生理解长、宽与对应的面积单位个数之间的关系。同时，在引导学生理解长方形面积的过程中，逐步实现长方形面积计算方法的归纳与提炼。

教学流程设计如下：

（1）导入环节：复习面积的意义及常用的面积单位。

（2）探究环节：提供四个没标数据的长方形，引导学生逐步理解长、宽与面积单位个数之间的关系（图 a：长 3 厘米，宽 2 厘米；图 b：长 4 厘米，宽 3 厘米；图 c：长 5 厘米，宽 4 厘米；图 d：长 15 厘米，宽 10 厘米。）

所提供学习材料的组织教学策略与教学目标说明：

图 a：动手操作求得面积，意在巩固理解面积的意义，知道"用面积单位摆满"，所用面积单位的个数就是该长方形的面积。

图 b：先估后操作验证，反馈操作方法，比较"摆满"与"只摆一行一列"两种操作方法的异同，引导学生初步感知长、宽与可摆面积单位的关系，重点突出对"一行摆几个，可以这样摆几行"的观察与思考。

图 c：先口述方法，再操作，重点突出"先横着摆一行，再摆几行"的方法，引导学生从所列算式中充分感知"长方形中所含面积单位个数与每行个数、行数之间的关系"。

图 d：直接说方法，并引导思考"知道长 15 厘米，可以知道什么？知道宽 10 厘米，又能够知道什么？"，重点理解"长与沿长边可以摆的面积单位个数，宽与沿宽边可以摆面积单位的行数"之间的对应关系。

（3）回顾梳理，总结提炼计算公式：长方形的面积 = 长 × 宽。

（4）应用提升。

这样的教学设计，学生通过长、宽与所摆面积单位个数之间的对应关系，结合对应思想、几何推理等数学思想方法，自主构建"长 × 宽"这一数学模型。如在图 b 面积探究中，当学生用沿着长摆一行，又沿着宽摆一列的方式来说明面积时，引导学生关注"一行一列与长方形面积公式的关系"，并请学生通过语言表达把思维过程充分暴露出来，实现全班学生的共享。再如在图 d 面积探究中，当学生在理解长 15 厘米、宽 10 厘米时，适时引导学生讨论"长 15 厘米"与"面积单位 15 个"、"宽 10 厘米"与"面积单位 10 行"之间的对应关系，及时引导学生呈现思维过程，帮助学生及时沟通直观材料与数学概念之间的联系，构建起准确的数学模型。

（二）"平行四边形面积计算"教学：验"正"纠"错"，明晰化归思想的关键

我们知道，化归思想的基本要素包括：化归的对象、方向及方法。但为什么可以转化？这样转化合理吗？对于这些在应用化归法解决问题时必须去思考的基本问题，则需要教师创造条件引导学生在应用中经历和体验。从平行四边形转化为长方形的过程来分析，用"剪拼法"和"拉动法"均可以完成"转化"的过程。但两种转化方式的本质区别是，"剪拼法"保证的是面积不变，"拉动法"保证的是周长不变。现在我们研究的是平行四边形的面积，那么其关键是保证面积不变，需要符合"等积变形"的原理。相反，如果我们需要探究平行四边形周长的计算方法，那么不管把平行四边形转化成什么图形来思考，保证转化过程中周长相等是根本（当然，实际学习中，平行四边形的周长计算没有这么复杂，但道理是一致的）。因此，借助平行四边形面积计算方法探究中的化归过程，通过验"正"纠"错"的策略，来帮助学生明晰化归思想的关键，是平行四边形化归思想体验的重点。教学中需

要有这样的教学环节设计：

1. 验"正"

有学生已经从刚才的方格纸验证的过程中得到了启发：在方格纸上，把这个平行四边形左边的角剪下来，拼到右边去，就得到了一个长方形，这个长方形的面积就是平行四边形的面积。

师：你怎么知道呢？

生：这样剪拼方格数没有变。

教师结合学生的讲解，沿着平行四边形的一条高剪开，再用方格纸验证，让学生清晰地看到，操作后两个图形的面积没有发生变化。

师：原来这个平行四边形，我们可以把它转化成长方形来思考，这个长方形的面积是 $7cm \times 3cm=21cm^2$，所以这个平行四边形的面积就是 $21cm^2$。

2. 纠"错"

师：刚才同学在说明 $7cm \times 5cm=35cm^2$ 时，同样是把它想成了长方形，面积用"长 7cm × 宽 5cm"来计算，那么平行四边形面积计算也就可以把相邻两条边乘起来，但这样算又为什么不对了呢？

教师边质疑，边呈现平行四边形向长方形的变化过程。

生：这样拉起来后，面积比原来大了。

教师请学生在图上指出来哪一部分大了。其实从右图很容易看到，阴影部分是长方形面积比原来平行四边形大的部分。显然，这样的转化方法是不正确的。

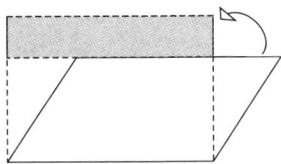

至此，学生已经明白了"高与底相乘"为什么正确，"邻边相乘"为什么不正确的道理了。在此基础上进行小结梳理平行四边形的面积计算方法——底 × 高，水到渠成。

事实上，在化归思想方法的运用中，"变"只是一种形式上的转化，"不变"是其本质内涵的体现。在平行四边形面积计算方法的探究中，把握"面积不变"是其核心，也只有在保证面积不变的前提下，才能借助化归方法去进行转化。正因为如此，"剪拼法"是合理的，"拉动法"是不合理的。而这种方法应用背后的本质思考，是需要教师通过诸如验"正"纠"错"的方法手段，引导学生去经历和体验的。

（三）"圆的面积计算"教学：化曲为直，突破化归思想的应用空间

对于小学生而言，圆是一个比较特殊的平面图形。在小学阶段，学生在学习圆的面积计算之前，接触到的面积计算方法探究中的化归，均是直边图形之间的转化，还没有涉及曲线图形。但因为学生在前面学习平面图形面积计算过程中，经历了多次化归探究，已经具备了把新问题转化归结为已知问题的经验，其努力把圆转化为已学过图形（如长方形、正方形、平行四边形，甚至三角形、梯形等）的意识唤醒并不是难点。因此，对于学生而言，在"圆的面积"教学中，让学生想到"必须变"不是问题，难点则是想清楚如同圆这样的曲线图形"如何变"的问题，即：如果把圆转化为已学过的平面图形，该转化成怎样的平面图形来推导面积计算公式，才既合理又简明？对学生来说，突破这个关键点有一定的难度，需要教师提供适当的帮助。教学流程一般设计如下：

（1）提示分割：教师配合课件演示，并适当说明把一个圆平均分成 16 份（如右图）。

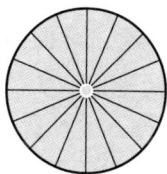

（2）自主拼组：引导学生用分割出来的小图形重新拼组，拼成已学过的平面图形。收集典型图形（见下图）。

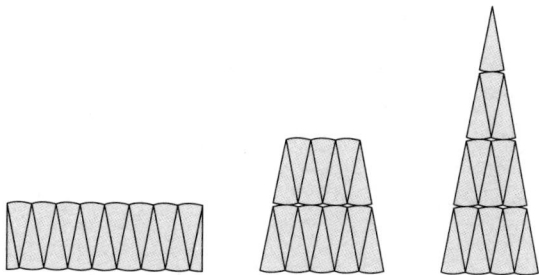

（3）找出联系：引导学生找出转化后的图形与原图形间的联系，主要引导思考：面积有没有变？图形变化过程中，哪些信息没有变？

（4）比较归纳：引导学生比较把圆转化成三角形、梯形、平行四边形、长方形等平面图形后，原圆中相关信息的变化，并与转化后的平面图形面积

计算方法进行比较，体会转化为近似的长方形最为简明，并以长方形面积计算公式为基础，归纳得出圆面积计算公式。（见下图）

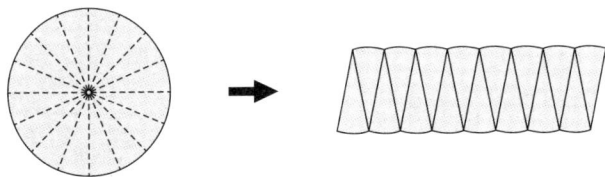

以上四个环节的教学中，因为有了教师的帮助，学生还是能够想到把圆转化为已经学过的平面图形的。而当学生能够把一个曲线图形转化为直边图形后，再去引导学生找出图形间相关要素的联系，也便变得简单多了。当然，有一个思维节点需要教师引导学生认识，即需要引导学生感受到极限思想在化归过程中的作用，这当然也是帮助学生理解化曲为直的重要过程。这一认识过程，教师可以借助多媒体课件作演示解决。

显然，在圆的面积计算教学中，学生认识到"化归"作为一种解决问题的策略并不难。教学中，通过教师的适当帮助，引导学生在化归过程中经历体会"化曲为直"的过程，突破化归思想的策略空间，成为了实现本节内容教学价值的最为重要的教学活动，是落实教学重点、突破教学难点的关键。

新课程理念下如何教"简便计算"
——源于一次计算作业调查的思考

之前布置了一组计算作业，其中有两道是典型的可以应用运算定律或性质进行简便计算的习题：

① $2.25 \times 6.75 + 6.75 \times 1.75$ ② $33.64 - (8.7 + 6.64)$

批改中，这两道习题的完成情况让我大吃一惊。作业情况如下：

		计算过程	人　数	百分比
第①题	根据运算定律做	$2.25 \times 6.75 + 6.75 \times 1.75$ $= 6.75 \times (2.25 + 1.75)$	31	67.4%
	按运算顺序做	$2.25 \times 6.75 + 6.75 \times 1.75$ ① ① ②	15	32.6%
第②题	根据减法性质做	$33.64 - (8.7 + 6.64)$ $= 33.64 - 6.64 - 8.7$	11	23.9%
	按运算顺序做	$33.64 - (8.7 + 6.64)$ ① ②	35	76.1%

注：全班46人全部完成作业（以下表格统计人数同）。

作为两道典型的、可以应用运算定律进行简便计算的习题，却有那么多的学生没有想到去应用运算定律或性质进行简便计算，这让我颇感意外。难道是学生不知道可以这样算吗？是不会应用运算定律去计算吗？还是与作业中没有相应的提示有关？带着种种疑问，在没有讲评的基础上，仍然以此组习题为内容，第二天让同一班学生进行第二次练习。这次在题目的要求后作了提示：能简算的请用简便方法计算。

第二次作业经批改，两道习题的完成情况如下：

		计算过程	人　数	百分比
第①题	根据运算定律做	$2.25 \times 6.75+6.75 \times 1.75$ $=6.75 \times（2.25+1.75）$	45	97.8%
	按运算顺序做	$2.25 \times 6.75+6.75 \times 1.75$	1	2.2%
第②题	根据减法性质做	$33.64-（8.7+6.64）$ $=33.64-6.64-8.7$	32	69.6%
	按运算顺序做	$33.64-（8.7+6.64）$	13	28.3%
	试图根据减法性质做，但方法错误	$33.64-（8.7+6.64）$ $=33.64-6.64+8.7$	1	2.2%

第二次练习中，还有 4 位学生对其中的一道习题 $0.42 \times 3.63 \div 0.11$ 也是先算除再算乘，想到了通过改变运算顺序让计算变得简便一些。这说明学生在努力寻找简便计算的办法。

第二次的作业情况说明，除了个别学生之外，大多数学生在应用运算定律或性质进行简便计算的技能上不存在问题。造成两次练习出现那么大差异的原因，显然与教师在作业要求中的提示有关。这表明至少有 30% 的学生在应用运算定律或性质进行灵活计算方面缺乏足够的自觉意识。也许在这些学生的知识结构中，运算定律或性质的习得只作为一种知识存储着，而没有上升到解决具体问题的需要来认识。那么，这种状况到底是什么原因造成的呢？与我们教师进行的"简便计算"教学过程到底有多大的关系呢？教师如何在"简便计算"教学中培养学生的良好的数学意识呢？这些问题引起了我对新课程理念下"简便计算"教学的思考。

一、"简便计算"是什么?

在小学数学教学内容中，"简便计算"属于"数的运算"中的基本内容之一。它是指学生能够根据相关算式的特点，依据四则运算定律或性质，在不改变运算结果的前提下灵活处理运算程序，使运算达到简便易算的过程。《义务教育全日制小学数学教学指导纲要（试用）》指出，"在低年级加强基本口算练习的基础上，中高年级仍应注意口算训练，并学习一些简便运算"。《课标·实验稿》则在第二学段"数与代数"的具体目标中指出，"探索和理解运算律，能应用运算律进行一些简便运算"。

由于长期"应试观"的作祟，传统的"简便计算"教学在实践中往往表现出教学目标单一、机械套用运算定律的状况比较严重，致使在"简便计算"教学中存在着两个方面的明显弊端：一是孤立起来教学"运算定律"和"简便计算"，二是过分侧重于简单机械的技能技巧训练。这无疑造成了学生在学习"运算定律"和"简便计算"时缺少足够的现实背景作支撑，不利于他们真正体验"运算定律"的建构过程和"简便计算"的应用价值。学生虽掌握了运算技能，但自觉应用的意识淡薄，对数据的敏感性不强，灵活应用运算定律或性质的能力不高。

而从《课标·实验稿》对"数的运算""应关注口算，加强估算，鼓励算法多样化"和"应避免繁杂的运算，避免将运算与应用割裂开来"的要求来看，"简便计算"的功能显然已经不同于传统课程观对"简便计算"的理解。"简便计算"不应仅仅是作为一种技能、一种运算定律或性质的简单应用来教学，更应该成为借助于"运算律"的理解与掌握、计算方法的比较与优化，来提高学生的运算能力、解决问题能力，增强数感，发展数学意识的重要内容。如人教版课标实验教材《数学》四年级下册第三单元"运算定律与简便计算"中，在"简便计算"这部分内容的编排上体现了"重视简便计算在现实生活中的灵活应用，提高学生解决实际问题的能力"的特点。

它"改变了以往简便计算以介绍算法技巧为主的倾向，着力引导学生将简便计算应用于解决现实生活中的实际问题，同时注意解决问题策略的多样化"。

二、基于新课程理念下的"简便计算"怎么教?

"简便计算"的内容,《课标·实验稿》是从第二学段起提出的。从《课标·实验稿》的目标要求来看,"简便计算"是立足于"运算律"基础上的"算法简单化"的过程。因此,"运算律"在"简便计算"教学中起着重要的作用,探讨"简便计算"教学离不开"运算律"教学这一环节。

（一）拉长"运算律"的建构过程，让学生体验"简便计算"不仅仅是一种技能教学

在数学学习的意义上,"运算律"教学的价值更多体现在应用上,它具有很强的工具性,即"运算律"是学生灵活处理运算程序,使运算过程简单但又不会改变运算最终结果的重要依据。然而,作为"运算律"本身,在其探索与理解过程中,同样有着丰富的教学价值,其模型建构的过程是学生数学学习的重要内容之一,也是渗透数学思想和体验学习方法的有效材料。因此,拉长"运算律"的教学过程显得极为重要。

1. 突出"运算律"产生的现实背景,为学生建构"运算律"提供经验支点

"运算律"虽然是一种高度抽象的数学模型,但它源于运算,所以与四则运算一样,它与生活现实也有着密切的关系。在小学阶段涉及的四则运算的性质几乎都能找到相应的生活问题来呈现。如"加法结合律",可用下图中的现实问题来引入。因为是求"三天一共骑了多少千米",就是把每天骑的路程合并起来。在合并时,既可以先合并第一天与第二天行的路程,再与第三天合并,

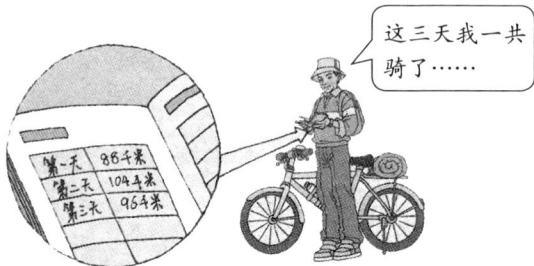

第一天 88千米
第二天 104千米
第三天 96千米

这三天我一共骑了……

又可以先合并第二天与第三天行的路程，再与第一天合并，用算式表示即为：（88+104）+96=88+（104+96）。当学生借助这样的现实情境来理解"三个数相加，先把前两个数相加，再加上第三个数，或者先把后两个数相加，再加上第一个数，和为什么会不变的道理"时，便有了生活经验作支持，自然不难了。

再比如"减法的性质"，与右图中的现实问题有着密切联系。因为要算"还剩多少页没看"，就是要从总页数中去掉已经看的页数，那么既可以从总页数中先减去第一天看的页数，再减去第二天看的页数，又可以先把两天共看的页数合并起来，再从总页数中一起减去，还可以先减去第二天看的页数，再减去第一天看的页数，都能得到最终结果。对 234−66−34=234−（66+34）=234−34−66 这样的算式也容易从"运算律"的意义上来理解，有利于学生抽象出相应的结构模型。

我昨天看到第 66 页，今天又看了 34 页。

这本书一共 234 页，还剩多少页没看？

2. 经历"运算律""抽象—应用—拓展"的过程，为学生完整认识"运算律"提供可能

与传统运算定律的教学相比，新课程在"运算律"的内容呈现及模型建构上呈现了更为丰富的背景资源。这不仅有利于学生自主抽象建构出"运算律"的基本模型，同时也为其拓宽认识，丰富"运算律"的内涵提供了有利条件。如在对"乘法分配律"的认识中，无论是原教材（指省编义务教材）还是课程标准实验教材，首先研究的都是它的基本模型——乘法对于加法的分配律。只不过在原教材例题后的练习中，呈现的是大量针对基本模型的程式化的训练。这对学生掌握基本模型、提高运算技能当然有好处，但不利于学生从更高层次上认识"乘法性质"。新课程理念下的"运算律"教学其基本出发点是解决现实问题。而现实性较强的问题一般具有材料多样和问题丰富的特点，有利于学生在解决过程中拓展思路，呈现更多的策略方法，更有利于学生在理解"乘法分配律"的基础上，认识一些与"乘法分配律"有着密切关系的乘法的其他性质，从而增强学生对"乘法分配律"认识的系统

性，更为完整地建构"乘法分配律"。

在教学时，当通过例题引导学生得出"乘法对于加法分配律"的基本模型后，适当组织一些基本练习，然后教师可以呈现这样一个问题：李大爷家有一块菜地（如右图），种了茄子和西红柿两种蔬菜。然后呈现两个问题：

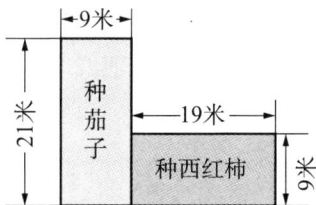

问题一：这块菜地的面积是多少平方米？

问题二：种茄子的面积比种西红柿的面积多多少平方米？

学生对第一个问题的解决是乘法对加法的分配律的巩固而已，然而在解决第二个问题中，教师则可以引导学生从 $21 \times 9 - 19 \times 9$ 和（$21-19$）$\times 9$ 两种方法中建构"乘法对减法的分配"，在认识了基本模型的变式（$a-b$）$\times c = a \times c - b \times c$ 后，帮助学生完善对乘法分配律的认识。这样的过程无疑会让学生对该"运算律"意义的理解更加深刻。

又如减法的性质，其基本模型是 $a-(b+c) = a-b-c$，而其变式却有 $a-(b+c) = a-c-b$、$a-(b-c) = a-b+c$、$a-(b-c) = a+c-b$ 等。这些数学模型间的沟通仅仅通过一个或两个问题情境来实现，显然是不可能的，而是需要经历一个"抽象—应用—拓展"的过程。

（二）于具体问题解决中巩固运算技能，在突出"简便计算"应用价值的同时，帮助学生形成良好的数学意识

"简便计算"作为一种技能训练，我们当然可以结合相关内容，在实际问题的解决中进行，如上所说的"计算李大爷家菜地的面积"等。但作为运算技能，也应该体现在具体的运算问题中。只不过我们在组织训练时，需要认真思考，尽可能减少程式化的、单纯的技能训练。只有这样，我们才能在训练学生运算技能的同时，帮助学生形成良好的数学意识，真正提高解决具体问题的能力。如本文开头的例子，对于 $2.25 \times 6.75 + 6.75 \times 1.75$ 和 $33.64-$（$8.7+6.64$）这样的算式，如果作业单纯安排"用简便方法计算"，那这只起到检验学生对"运算律"是否掌握的作用，目标是单一的，谈不上"数学意识"或"数学观念"的培养。如果教师在作业要求中不提出明确的要求，却

又期待学生能自觉将置于一组计算问题背景下的这两道习题，应用运算定律进行简便计算，那么这样的练习已不仅仅在检查"简便计算"的技能，更需要学生具备一定的自觉应用"运算律"进行简便计算的数学意识。而自觉应用"运算律"进行简算意识不强的学生，当然对那些典型问题也会视而不见的。

在实际的教学中，要让技能训练上升为意识，并不那么简单，需要一个长期而又坚持的过程，需要引导学生把"灵活应用运算定律使计算简便"的观念渗透在平时的计算（更多是口算）中，从而真正实现"简便计算"的教学价值。如学生在学习了"连除的性质"后，在计算 $240 \div 48$ 这样的习题时，不单纯依靠笔算来完成，而是能想到可以用 $240 \div 6 \div 8$ 或 $240 \div 8 \div 6$ 来算。同样如此，在学习了乘法运算定律后，计算 39×17 时，除了一般的笔算技能之外，还能用 $39 \times 17=（40-1）\times 17=40 \times 17-1 \times 17=680-17=663$ 的过程来计算。只有这样，我们才可以认为学生已经把"运算律"从解决具体问题的策略上升为自觉意识了。

笔者曾在《计算课不仅仅关注计算》一文中提出，计算课在重视"算理教学"和"技能训练"的同时，还要关注"算理的形成过程""应用价值"及"数学意识"的培养。数学意识最为重要，因为良好的数学意识即是"能用数学的观念和态度去观察、解释和表示事物的数量关系、空间形式和数据信息"，是数学素养的具体体现。笔者认为，简便计算也不例外，而且更应该突出这方面的要求。

总之，"简便计算"作为"数的运算"中的一块内容，承载着丰富的数学内涵。我们在教学中必须以新课程理念为指导，在关注其计算技能的"角色"的同时，更要关注其数学素养培养方面的重要价值。

⑤ "图形与变换"教学难在哪

——关于"图形与变换"教学难点的分析与思考

　　"图形与变换"是新教材"空间与图形"领域中的一块内容。从儿童的年龄特征与认知特点来看，该内容通过感知和初步学习图形的变换，引导学生"从运动变化的角度去认识事物，了解图形之间的联系，发展空间观念和几何直觉"①。由于该内容基本属于全新的，一线教师在实践中对该内容的目标定位，以及教学重难点的理解和把握存在着诸多的困难，致使在教学时，或仅仅停留于生活实际层面，以欣赏为主；或过分追求数学化的提升，忽视了小学生的年龄特点、认知经验，造成教学目标定位过低或过高。那么，"图形与变换"的内容应该如何理解？其教学难点到底在哪里呢？以下笔者结合自己的教学实践谈一些思考。

一、"图形与变换"是怎样的知识内容？

　　所谓变换，是指"某个集中符合一定要求的一种对应规律"。小学阶段涉及的"图形与变换"的内容主要有平移变换、旋转变换和轴对称变换。

　　物体的"平移"和"旋转"是日常生活中经常看到的现象。通俗地讲，"平移"就是物体按一定的方向移动一定的距离；"旋转"就是物体绕着一个点转动一定的角度。从数学意义来看，"平移"和"旋转"是图形全等变换

---

① 曹培英 ."图形与变换"的备课与教学 [J]. 人民教育，2006（13-14）：59-66.

的两种基本方式。所谓"平移"，就是指"把一个图形整体沿某一直线方向移动，得到一个与原图形形状、大小完全相同，且新图形中的每一点都是由原图形中的某一对应点移动后得到，并且连接各组对应点的线段平行且相等"的图形变换方式，也叫"平移变换"。所谓"旋转"，则是指"把一个图形绕着一个固定点（旋转中心）转动一个角度，且新图形中的每个点都是由原图形中的某一对应点转动相等角度后得到，并且连接旋转中心与每组对应点的线段长度相等"的图形变换方式，也叫"旋转变换"。

轴对称变换则是对称变换中的一种。与"平移"和"旋转"相比，它的运动性并不那么明显，是以轴对称图形的稳定特征形态呈现在人们面前。然而"轴对称图形"并不是"轴对称变换"。我们平时所说的轴对称图形只是一种具有轴对称变换特征的图形。"轴对称图形"可以这样定义："如果一个图形沿一条直线折叠，直线两旁的部分能够互相重合，这个图形就叫轴对称图形"。从中我们可以看出，"轴对称图形"是一种具有线性对称变换方式的图形。而"轴对称变换"的定义则是：把图形以某条直线为轴进行变换，连接变换后的新图形与原图形中每一组对应点的线段都和这条直线垂直且被该直线平分，这样的图形变换方式叫作轴对称变换。

从这几种图形变换的数学定义可以看出，无论轴对称变换，还是平移变换、旋转变换，其核心是自身所涵盖的"点"在遵循统一规定的条件下发生位移的过程。认识物体或图形的"轴对称""平移"和"旋转"，其实是认识"点"的运动规律。

二、教学"图形与变换"的难点在哪里？

教学的难点是指学生不易理解的知识，或不易掌握的技能技巧。对于"平移""旋转"及"轴对称"等图形变换知识的教学，其难点既有理解层面的，也有技能技巧层面的。对于这块内容的难点分析，除了以上对知识内涵的理解，了解学生是怎样认识"平移""旋转"及"轴对称"等图形变换的，也是必不可少的过程。

（一）对图形变换各种方式的本质特征理解存在着较大的困难

我们知道，只有认识了"点"的运动规律，才是真正把握了"轴对称""平移""旋转"等图形变换方式的本质特征，而且这也是学生后续学习图形的全等及其更复杂的图形运动变换的基础。"轴对称变换"如此，认识"平移"和"旋转"变换也同样需要有这样的要求。但对小学生来说，认识"轴对称""平移"或"旋转"，要上升到对"点"的运动规律的认识也确实存在着相当大的难度。

1. 学生经验中的"平移""旋转"及"轴对称"是直观形象的

实践中，当呈现生活中的一些"平移"或"旋转"现象时，比如风景区游客乘坐的缆车移动，城市娱乐场所摩天轮的转动等，学生最直接的感觉便是物体的整体运动。当老师问"看到了什么"时，学生会答"缆车在移动"或者"摩天轮在转动"等。这显然是由学生的认知特点所决定的。当一种运动以形象的情境呈现在眼前时，刺激其视觉的感知远远强于数学抽象，这是很正常的。如果再请学生说说这些事物是怎样运动的，学生也基本能说出一些"平移"或"旋转"的特点，如电梯在上升时是"直直的，朝着一个方向移动了一段距离"，"缆车是直直的，朝前（朝后）移动了一段距离"。又如呈现"钟面上的指针从 12 转动到 1"的情境后，学生会说"指针在转动"。问是怎么转动的，学生能够说出"指针绕着中心点顺时针旋转 30 度"。学生能够这样描述，并不能说明其认识上有了多少提升，更多是其已有认识经验的呈现。因为对于一个五年级的学生来说，指针在钟面上的转动已不仅仅只有生活经验的支撑，还有相应数学经验的支撑。很多学生已经有了"指针在钟面上旋转一周是 360 度，那么旋转一大格便是 30 度"的知识储备了。

同样，在认识"轴对称"变换时，学生往往对于一些直观图形的轴对称特征的理解相对容易。如右边的蝴蝶图案，学生一般都能知道它是轴对称图形，理由便是，只要把它对折，两部分会完全重合。

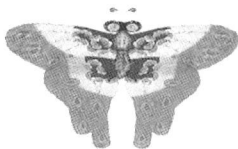

2. 学生对"平移""旋转"及"轴对称"能够作出一定的解释

如在《旋转》一课的教学中，当教师呈现了"风车逆时针旋转90度"的情境后，组织学生反馈，让学生想办法说清"为什么说风车是逆时针旋转了90度"的道理。此时，有学生借助了"线段"的运动来加以说明（如右图）：黄色三角形的一条边从垂直的位置逆时针旋转到了水平的位置，这两条边的夹角是90度；另一条边从开始的位置逆时针旋转后，与原来那条边的夹角也是90度。而风车的每一片叶子的边都在这样旋转，所以说风车逆时针旋转了90度。

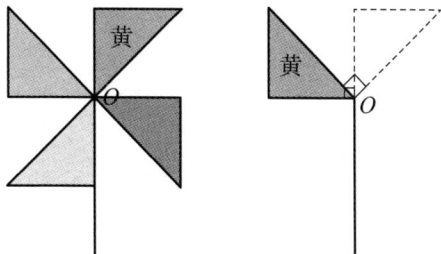

当对具体事物进行深入分析时，学生往往可以借助部分推断到整体的认识过程，是可以突破原生活经验的范围的。这是因为对于一名五年级的学生来说，已经有了一定的借助数学推理来进行分析的意识和能力。这较之第一层次仅仅看到旋转现象有了明显的提升。

又如在《轴对称》一课的教学中，当教师呈现了一个"等腰梯形"（如右图），让学生解释"为什么说是轴对称图形"时，学生虽然首先想到的还是"把这个图形对折，两部分是否完全重合"这样的说明方式，但当教师把这个图形呈现在屏幕上，而不能取下操作时，学生会深入思考，并且能够想到观察对称轴两边部分到对称轴的距离是否相离。有学生会说：A 点到对称轴的距离与 A' 点到对称轴的距离相等；B 点到对称轴的距离与 B' 点到对称轴的距离同样长。

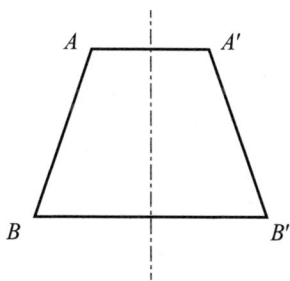

当然，这样的要求仅仅体现在部分认识上，还没有真正上升到对"图形与变换"的本质特征的认识。一旦涉及"图形与变换"本质内涵时，学生又会碰到相应的困难。

这种情况在《旋转》一课的教学实践中有明显的反映。要解释下页右图中 AB 旋转到 $A'B'$ 位置，我们知道从"点"的运动来解释这一问题会比较清晰：A 点旋转 90 度到 A' 点，B 点同样旋转 90 度到 B' 点，那么 AB 线段上的"点"都能在 $A'B'$ 这条线段上找到对应的"点"，而且 $A'B'$ 线段上每一个点同 O 点的连线，与 AB 线段上的对应点同 O 点的连线，所组成的夹角也同样是 90 度。然而这样的认识要求对于小学生来说，确实难度相当大，学生要说清线段 $A'B'$ 的成因比较困难。如解释"风车旋转"时，学生只能借助线段的旋转来解释；解释"等腰梯形的对称性"时，学生也只能通过两对特殊点的对称性来推断整个图形的对称性。这远远没有达到对相应图形变换的本质理解。

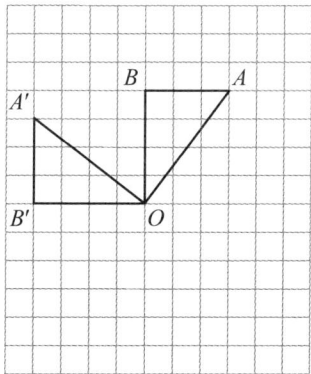

（二）在操作层面上，学生之间的能力存在着较大的差异

"图形与变换"中一个重要的目标要求，便是通过画出变换后的图形来深入理解认识各种图形变换方式的内涵，在教学中则体现为一种操作技能。如在"轴对称"的认识中，借助"连接变换后的新图形与原图形中每一组对应点的线段都和这条直线垂直且被该直线平分"，能画出变换后的新的图形时，才算是真正理解了轴对称变换的本质特征。但在实践中，笔者发现，这样的认识对于小学生来说存在着相当大的难度。我们曾在实践中作过这样的尝试：

画出轴对称图形的另一半（如下左图）。

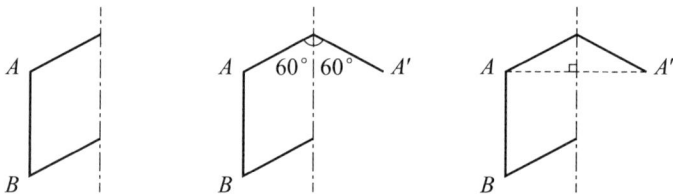

课堂上，一半以上的学生无从下手，或者只能大致画出图形。20% 的学生能够画出，却是从"轴对称"的直观表象的要素入手来完成任务（如上中图）。只有 10% 左右的学生能够用找对称点的方法来画（如上右图）。

实践表明，因为这是一个"去方格"的练习设计，解决该问题的关键——通过点 A（或点 B）画对称轴的垂直线段，是学生经验中所缺乏的，更多的学生只能凭借其直观经验，大致画出点 A、B 的对应点 A'、B'。虽然垂直、平分作为理解对称点连线与对称轴关系的核心要素，在小学阶段已经有所涉及，但由于小学生没有"垂直平分线"的知识储备，要应用"对应点所连的线段被对称轴垂直平分的性质"来画出轴对称图形的另一半的要求显然过高了，学生的学习难以达到理想的效果也就在预料之中了。

三、小学阶段需要学生对"平移""旋转"及"轴对称"内容达到的认识水平及难点梳理

在小学阶段，"图形与变换"的内容出现在以下几册教材中（以人教版为例）。

教　材	具体内容	所在单元	课时数
二下	轴对称、平移、旋转	第三单元：图形的运动（一）	4
四下	轴对称、平移	第七单元：图形的运动（二）	4
五下	旋转	第五单元：图形的运动	3

学生对"图形与变换"的认识达到怎样的程度才是合适的呢？其教学难点又分别在哪里呢？笔者试着作一梳理。

小学生对"平移""旋转"及"轴对称"等图形变换方式的认识定位在以下三个方面：

（1）使学生体会到对图形的"平移""旋转"以及"轴对称"的研究是对物体运动方式的研究，需要以动态的眼光来审视图形的变换过程。

（2）使学生在直观观察的基础上认识"平移""旋转"以及"轴对称"的基本特点，初步学会识别这几种图形变换方式，并能在方格纸上按照要求画出"平移""旋转"以及"轴对称"变换后的图形。

（3）使学生借助对"平移""旋转"以及"轴对称"本质特征的初步认

识，发展空间观念，体验对应思想在图形全等变换中的特点。

三个方面的要求体现了"平移""旋转"以及"轴对称"等图形变换方式不同层次上的教学价值。第一方面突出了学习方法上的引导，第二方面则是知识技能层面上的要求，第三方面则关注了数学思想层面上的认识要求，且涉及对"图形与变换"本质特征的认识。层层推进，螺旋上升。

这些内容在不同的年级中出现时，教学的难点也有所不同。

二年级初步认识"轴对称"，从具体的教学目标定位来看，"使学生通过观察、操作，初步认识轴对称现象，并能在方格纸上画出简单图形的轴对称图形"。这个要求对于二年级学生来说，直观层面上的认识并不难，难点在于"借助方格纸画一些不规则图案的轴对称图形"，如修订前的教材第70页第3题（如右图）"你能按对称轴画出另一半吗"，此题正确率不超过40%，2013年审订后的教材删除了此题。

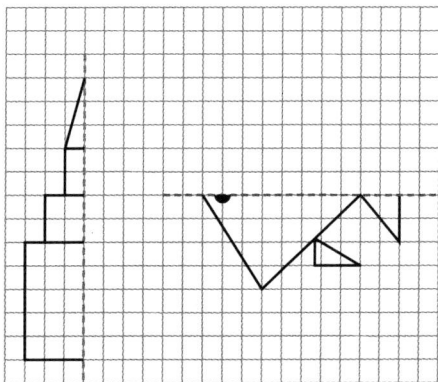

二年级下册初步认识"平移"和"旋转"，其目标定位也还是比较低的，"使学生结合实例，初步感知平移、旋转现象。会在方格纸上画出一个简单图形沿水平方向、竖直方向平移后的图形"。难点还在于"借助方格纸画出平移后的图形"。因为学生对"平移"的认识还没有上升到对"点"的变换规律的认识，在画的过程中，只能凭借着直观认识来操作，往往会出现局部错误。因此，审订后的教材将此要求编排在四年级了。

四年级下册教学"轴对称"和五年级下册教学"旋转"，教学目标定位为："进一步认识图形的轴对称，探索图形成轴对称的特征和性质，能在方格纸上画出一个图形的轴对称图形；进一步认识图形的旋转，探索图形旋转的特征和性质，能在方格纸上把简单图形旋转90°；初步学会运用对称、平移和旋转的方法在方格纸上设计图案，进一步增强空间观念。"其难点在于对"轴对称"和"旋转"本质特征的把握和根据一定的条件画出"轴对称"和"旋转"变换后的图形。如下左图，如果进行描述，那难度不大；而如果只呈现图形的一半，让学生画出另一半的话（如下右图），那有一定的难度。这个图不仅涉及多个图案组成的复合图形的对称性问题，还有方向上的要求。因此，很多学生在画出小草的对称图时，方向会出现错误，有的班级的错误率甚至在 40% 以上。审订后的教材中，将小草图去掉后，作为例题呈现。

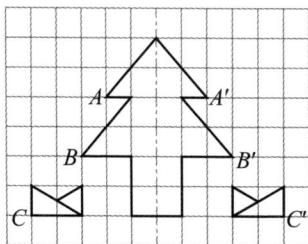

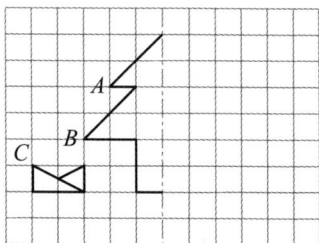

而"去方格"背景下的操作，则显然已经超出了对小学生的要求了，因此，《课标·2011 版》到第三学段才提出了这样的教学目标："通过具体实例认识轴对称，探索它的基本性，理解对应点所连的线段被对称轴垂直平分的性质"；"通过具体实例认识平移，探索它的基本性质，理解对应点连线平行且相等的性质"；"通过具体实例认识旋转，探索它的基本性质，理解对应点到旋转中心的距离相等、对应点与旋转中心连线所成的角彼此相等的性质"。

6 数学学习应突现探究过程的科学性

——由"三角形内角和"探究活动引发的思考

数学学科作为一门自然科学课程，其知识内容具有很强的科学性。这就使我们在实际的教学中，把数学知识作为一种科学结论传授给学生（或者说是引导学生自主习得）时，很多老师往往对数学知识的科学性较为关注，对于引导学生探究、获取知识的学习过程的科学与否则缺乏足够的重视。事实上，学生在进行数学学习的过程中所采取的方式方法是否科学、恰当，教师们是否意识到"过程正确与结果正确至少同样重要"①等是一些极其重要的问题。它们往往决定着教师组织教学的过程是否真正有利于学生的数学学习，有利于促进学生数学素养的整体提高。下面就结合《三角形的内角和》一课的教学实践，谈一些我们的思考。

一、"误差"，无法回避的现实

引导学生"通过'度量'各个角的度数，然后加起来，从而认识到'三角形的内角和是 180 度'"是一种常用的组织教学的策略（以下简称"度量"）。在操作时，则由于操作工具及学习材料之间的差异，总会出现"误差"，得不到"180 度"这个结果。请看下面一个例子。

---

① 罗星凯. 有理的科学知识被无理地"验证"——从理科教学中实验结果与理论的不相符谈起 [J]. 人民教育，2007（7）：36-38.

教师呈现两个直角三角形（如右图），然后创设情境：有两个直角三角形，它们都认为自己的内角和大。小朋友，请你们来评判一下它们说得对不对。

气氛被调动起来后，很多学生都认为它们的内角和是一样的，都是180度。还有的学生说他以前量过。于是教师请学生动手操作，量一量到底三角形的内角和是不是180度。这一量问题出来了：第一位学生量得三个角的度数分别是52度、38度和90度。师生共同计算得：52+38+90=180（度）。

第二位学生量得三个角的度数分别是67度、25度和91度，内角和是183度。

第三位学生量得三个角的度数分别是68度、24度和90度，内角和是182度。

很多学生纷纷表示三个角的度数加起来也不是180度。此时教师有点急了，他亲自出马去量了。终于量得三个角的度数分别是68度、22度和90度，和是180度。结果虽然得到了，但仍然有一些学生对这个结果不太服气，在那里小声议论。

"度量"时出现了误差，教师是不是通过亲手操作加以校正就可以了呢？或者告诉学生这是操作产生的"误差"造成的就可以了呢？显然，事情并非那么简单。如果这样做就算得出结论了，那么，还要安排动手操作干什么呢？还不如直接告诉学生"三角形的内角和就是180度"来得简单多了。而从更深层次来思考，"度量"是仅仅为了得到180度吗？如果是，它能得到180度吗？显然，实际操作中误差始终存在。如果不是，作为一次操作活动，我们又该赋予"度量"怎样的目标定位呢？经过深入思考，我们认为，"度量"作为探究三角形内角和引入环节的操作活动，其价值更应该体现在以下三个方面：首先，"度量"顺应了学生的认知经验，因为在学生经验中，研究角的度数问题，用量角器"量"是最为常用的方法；其次，"度量"确实可以帮助学生初步感知三角形的内角和大约是180度；第三，"度量"因为有误差，可以引导学生对原有的结论产生质疑，促使学生生成进一步研究的欲望，为导出另外的验证方法提供可能。

　　基于以上思考，"度量"的目标定位不应该仅仅停留于"量"的水平。教师完全不必因为"量"产生了误差，而急于帮助学生去校正，得到"正确"结果。"度量"应该把"量"作为引子，作为产生问题的手段，引导学生展开思维，寻找更为科学严谨的验证方式。

二、寻找科学的验证方式

　　从教材编写的情况来看，编写者对"度量"的目标定位还是比较清晰的。人教版教材在这节内容的编写中安排了两个活动："度量"和"剪拼"。"度量"作为引导学生初步感知"三角形的内角和大约是 180 度"的操作活动安排在前。然后提出用"剪拼"的方法进行验证：把一个三角形的三个角撕开后，拼在一起组成一个平角，由此证明"三个内角的度数和是 180 度"。我们认为，"剪拼"较之"度量"而言还是极具说服力的。在教学实践中，只要给予学生足够的时间和相应的思维空间，学生便有想到和做到的可能。我们也曾经这样尝试过。学生还是能够明白用这样的方式是可以说明"三个内角的度数和是 180 度"的。

　　然而，课后我们对这一操作活动再次进行了深入思考，认为此法并不是验证"三角形内角和等于 180 度"的最好方式。这样的操作活动，在肯定它的科学性的同时，其可行性到底有多大？在教师没有提示的情况下，到底有多少学生能够想到？操作过程是否会受到操作材料及操作能力等因素的影响同样产生误差？另外，这样的操作活动，目标比较单一，数学思维的含量也不高。那么，有没有一种方式，既能合理地验证出"三角形内角和等于 180 度"，又能有效调动学生的认知经验，丰富学生的思维活动，提升学生的思维水平呢？在查阅了一定的资料后，我们觉得以下实验活动在探究"三角形内角和等于 180 度"时，具有比较强的逻辑性，可以作为论证"三角形内角和等于 180 度"的主导方式。

　　实验过程简述如下：

　　长方形的四个角都是直角，即可知长方形的内角和等于 360 度（这是学生已有的知识经验）。于是，引导学生把一个长方形剪成两个完全一样的直角三角形，得到每个直角三角形的内角和等于180度。有一直角三角形的内角和等于180度这个结论后，再来验证锐角三角形、钝角三角形的内角和也就有了论证的依据了。在锐角三角形的任意一条边上作高，即可分成两个直角三角形，两个直角三角形的内角和等于360度，然后减去两个直角的度数和180度，就等于锐角三角形本来的三个内角的和是180度了。同理可以在钝角三角形中进行论证。[①]

通过反复研讨与深入思考后，我们尝试着把这样的理解落实到实践过程中。

实践过程简述：

当学生在量中出现误差后，教师引导学生用另外的方法来验证。有学生想到了"拼"。他用两个完全一样的直角三角形（这是教师有意识提供的）拼成了一个长方形发现：长方形的内角和是360度，这个长方形是由两个完全一样的直角三角形拼成的，所以其中一个直角三角形的内角就是360度的一半，是180度。

在此基础上，教师加以适当引导：这位同学的方法是不是告诉我们，在验证直角三角形的内角和是不是180度时，我们可以从长方形来考虑呢？然后结合多媒体展示验证的过程：

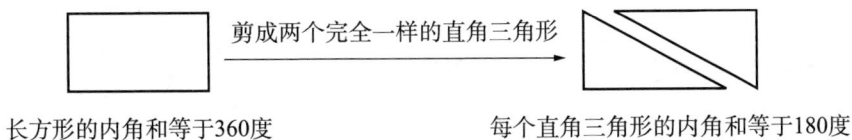

长方形的内角和等于360度　　　　剪成两个完全一样的直角三角形　　每个直角三角形的内角和等于180度

得出第一个结论：直角三角形的内角和等于180度。

接着研究锐角三角形和钝角三角形的内角和。通过交流引导，最终有了以下方法：

一位学生说明锐角三角形内角和的推导方法：我画的这条线段是这个锐

① 曹飞羽，曹侠，等 . 小学数学基础理论和教法（第二册）[M]. 北京：人民教育出版社，1984：28.

角三角形一条边上的高，把这个三角形分成两个直角三角形。

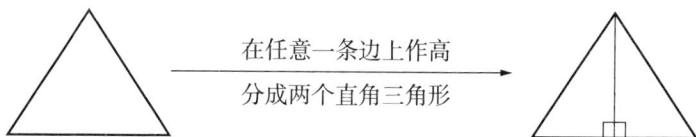

理由是把这个三角形分成两个直角三角形，每个直角三角形内角和是360度，因为有两个直角，它们的度数是90度，去掉两个90度，分成的这两个直角三角形的四个锐角加起来是180度，那么这个三角形的内角和就是180度。

于是得出第二个结论：锐角三角形的内角和也是180度。

此时学生很容易想到钝角三角形内角和的推导方法了。有学生介绍：我也画出一条边上的高，把这个钝角三角形分成两个直角三角形，可以用刚才的方法来说明钝角三角形的内角和也是180度。

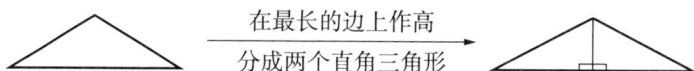

结论：钝角三角形的内角和也等于180度。

钝角三角形、锐角三角形的内角和都是180度。

最后得出：三角形的内角和是180度。

三、实践后的再思考

综观以上三种验证"三角形内角和等于180度"的方式，在课堂教学中各自扮演着不同的角色，起到不同的作用。"度量"是浅层次的，是学生原有经验的激发与修正。在"度量"时产生误差，不能说明操作实验的成功与否。"剪拼"作为一种验证的方式，在实际教学中，学生可能用"折"来代替。用"剪拼"或"折"的方法来验证三角形内角和是否等于180度，是小学数学直观几何的典型体现，在小学阶段有着积极的意义。它既是学生直观经验积累所必须经历的，也是小学生数学学习特点的典型体现。但动手操作时，毕竟受到操作材料和操作能力的限制，有时会产生误差，给学生的认识带来一定的障碍。因此，在组织过程中教师必须作好充分的准备，以备及时调整策略，改进方法，体现操作活动的科学性。推理验证则是数学论证的基本方式，不但在培养学生逻辑推理能力过程中有着重要的作用，而且更有利于学生了解规律或性质的形成过程，把握数学知识的真正内涵。三种方式中，推理验证的方式最具科学性和数学味，它既能有效达成"通过一系列的实验、操作活动，让学生推理归纳出三角形的内角和是 180 度"这一教学目标，又有利于教师在关注到结论正确的同时，也能顾及学习过程的正确。

1 "形式"探究同样具有思考的价值

——对除法"竖式"教学的思考

在与几位老师一起研讨人教版教材"有余数除法"这一单元的教学时，大家对例 1 除法"竖式"的引出教学产生了分歧。有老师认为，除法的竖式与加、减、乘三种运算的竖式有比较大的差异，学生较难探究，教学中教师可以直接示范或让学生自学即可。有老师甚至认为，除法的竖式只是一种人为的规定，没有探究的价值，完全可以直接告知学生。老师们的观点，引起了笔者的思考。除法的竖式作为一种笔算形式，确实是早已约定俗成的。约定俗成的形式是否就没有探究的价值了呢？如果让学生自主尝试探究，又会产生怎样的探究结果？探究过程的价值又体现在哪里呢？带着这些问题，笔者对人教版教材中加、减、乘、除四种运算的竖式教学内容进行了解读与研究，认为除法竖式是一个相当好的探究点，主要体现在以下三个方面。

一、"形式"差异本身就是一个思维节点

四则运算的笔算过程——竖式，是人类经过长时期的运算实践后形成的运算过程表达方式，其作为笔算过程的外在表现形式，除了表达相应的运算算理之外，还反映了不同运算的特点，体现着人类解决问题的方法意识。以加法运算为例：为什么需要用竖式计算加法呢？是因为当数据比较大（如两位数加两位数，甚至多位数加多位数）时，口算产生了困难，也比较容易出现计算错误，此时便需要有一种既符合算理又能正确算出结果的方法来

解决。经过一段时间的实践，形成了以十进制位值原则为依据的加法竖式，"相同数位对齐，满十进一"成为了加法笔算的基本法则。其他三种运算同样如此，"竖式"的产生源于运算需要，竖式的形式表达源于对计算过程的合理呈现。

然而，众所周知，除法运算的竖式表达与加、减、乘三种运算的竖式表达有着很大的不同。而一般的教材在四则运算的竖式教学编排上，采用加、减、乘、除这样的顺序，此时，因为有了加、减、乘三种运算笔算方法的影响，对学生学习除法竖式会产生明显的负迁移。执教过除法竖式内容的老师都会发现，让学生自主探究除法竖式时，学生自然会列出叠加的形式。如计算 15÷3，让学生尝试，除了不会算的学生之外，其他学生基本都会用叠加的方式来表达（如右图）。当两个数整除时，这样的除法竖式表达形式未尝不可。但我们确实知道，除法的竖式与加、减、乘三种运算叠加式的竖式表达形式存在着明显的差异。笔者以为，这种差异，是我们组织学生探究除法竖式表达式的思维节点。实践中，需要思考两个方面。

$$\begin{array}{r} 1\,5 \\ \div\ 3 \\ \hline 5 \end{array}$$

（一）为什么叠加式的竖式表达式不适合除法运算？

这是引导学生体会除法运算与加、减、乘三种运算不同点的重要契机。事实上，加、减、乘三种运算的笔算，都是为了利用 10 以内运算规律，推广到多位数运算，所采用的对位计算规则的体现。除法竖式同样是利用了对位规则，但除法没有 10 以内运算规律可推广，所以只能利用乘法计算去进行试算，这就使得除法竖式和乘法竖式在形式上不一样。另外，作为乘法的逆运算，除法竖式里使用的是减法，而不是乘法竖式的加法。理解乘法和除法竖式计算形式的差别，需要抓住两点：第一，除法是乘法的逆运算；第二，乘法的逆运算在整数集里没有完备定义，因此不可能有完整的"除法口诀"，除法是借助乘法试算来完成的。

（二）怎样的竖式写法才适合除法运算？

由上可知，除法的竖式是基于乘法试算的结果。它需要有利于试算的过程表达。另外，我们也知道，无论是加法、减法还是乘法，其计算结果都只需要一个数据来反映即可。

例：

$$
\begin{array}{r}
32 \\
+\,57 \\
\hline
89
\end{array}
\qquad
\begin{array}{r}
157 \\
-\,65 \\
\hline
92
\end{array}
\qquad
\begin{array}{r}
45 \\
\times\quad 3 \\
\hline
135
\end{array}
$$

在这三个竖式中，32 加 57 的结果 89，157 减 65 的结果 92，45 乘以 3 的结果 135 等都表示在叠加式竖式的最底层，而这里的 89、92、135 已能够精确地表示出这三个竖式计算的最后结果，再复杂的加、减、乘运算都能够通过这样的竖式表达方式来完整地表示出来。

而这样的表达方式用在除法里时，却存在一个问题，即最底层的数有时候能够表示除法运算的最后结果，有时候却不能。如计算 23÷5，当用叠加式来表达时，最底层的 4 还不能够精确地表示运算结果。此时，叠加式就显出其局限性了。而且，如果碰到数字比较复杂，需要借助乘法进行试算时，叠加式又没有合适的位置来表达试算的过程。于是，探究一种适合除法本身特点的竖式计算形式就显得很有必要了。

$$
\begin{array}{r}
23 \\
\div\quad 5 \\
\hline
4
\end{array}
$$

二、探究"形式"的过程是一个深刻理解算理的过程

除法竖式的完整认识，需经历两个层次：一是除法竖式的"引出"，二是连续计算时的"分层"书写。"引出"是指当用加、减、乘三种运算的竖式书写形式解决不了除法笔算问题时，学生探寻适合除法特点的竖式书写形式的过程。而"分层"则指用除法竖式计算时，多步计算中"建造两层、三层，乃至四层、五层的'楼房'"的表示过程，是理解除法笔算算理的重要步骤。学生正是在探究中，逐步明白"除法竖式为什么与加、减、乘三种运算不同""为什么会出现分层""每一层的运算分别表达了怎样的运算意义"等问题。

在人教版教材的编排中，"引出"和"分层"两个层次的内容教学被安排在两个时间段，"除法竖式的引出"安排在三年级上册"有余数除法"单元（2013 年审订教材调整为二年级下册），"竖式中的多步计算"安排在三年级下册"除数是一位数除法"单元。结合除法的意义来思考，除法竖式教学的两个层次，均是除法运算中的余数造成的。理解相关计算步骤中"余数"的确切含义，是把握除法竖式计算过程的关键。现结合教材作一简要的分析。

三年级上册"有余数除法"单元例 2 "一共有 23 盆花，每组摆 5 盆，求最多可以摆几组"的问题，竖式计算如下图所示。而在此之前，教材编排引出竖式的是 15÷3 算式。笔者以为，用 15÷3 来引出除法竖式，不合适。因为这个算式学生用叠加式来表达的话，也不会碰到障碍。而用例 2 有余数的除法来引出竖式的话，学生在用叠加式表达时会产生一定的障碍，即没有办法处理余数 3。此时，学生产生探究适合除法运算的竖式计算方法的需要显得比较自然。笔者以为，例 2 不应该仅仅作为教学有余数除法中"余数意义"的例题，它更应该成为除法"竖式"应用"'厂'字式"表达的学习材料。审订后的教材也已调整为由此类题引出竖式。

可以用这样的算式来表示：

$$23 \div 5 = 4（组）\cdots\cdots 3（盆）$$

三年级下册"除数是一位数除法"笔算例 2 "2 个四年级班的学生共种树 52 棵，平均每个班种树多少棵？"，竖式计算如下页左图所示。在此之前教材编排了另外一个习题作为例题：42÷2。同样，此题对于分两层计算的引出缺少必要性。因为在计算过程中，学生用一层便可解决相关的计算（如下右图）。而如例2这样的问题，学生用一层来计算，便有困难了，因为在计算5除以2后会产生余数1，这个1又得与个位上的2合起来组成12再除以2。此时，便有了用两层计算的必要了。同理，如果再增加一道如432÷3这样的题目的话，便又有分三层来计算的必要了。

例2 四年级平均每班种多少棵树？

$$52 ÷ 2 = \underline{\quad}（棵）$$

在以上两个例题中，我们不难看出，除法竖式的两个层次，教学时既有运算过程的表达，也呈现了一个理解算理的过程。三年级上册的例题中，除法竖式里被除数、除数、商各有其位，余数及商乘除数的结果也有其相应的位置，这些位置上的数均需要学生理解。三年级下册的例题中，第一次计算后产生的余数的意义，与被除数个位上的数组成的新数的意义等，都能比较清楚地在除法竖式中表示出来，而这也正是需要学生去理解和掌握的内容。

三、源于问题解决的思考才是有价值的

实践表明，学生在数学学习过程中，产生于问题解决的思考，才是有价值的思考。从以上分析来看，除法竖式与加、减、乘三种运算的竖式表达式

的差异，会促使学生产生问题。而这一问题，也正是教师在课堂上引发学生作出思考与探究的动力，是留给学生"从数学的角度提出问题"和"运用已会的方法解决问题"的机会，是一个有价值的教学过程。那么在实践中又该如何来设计这样的教学过程呢？我认为需要做到以下三点：

（一）提供引发学生产生问题的学习材料

材料选择是否典型是与问题的产生有直接关系的。如在除法竖式引出的教学中，选择例 1 则不利于学生产生问题，无法体会到除法竖式的特殊性；用例 2 作为探究的例题，则有利于学生产生问题。因为此时学生会碰到实际的困难，需要其想出新表达方式来呈现除法的笔算过程。

（二）给学生尝试的机会

当问题产生后，给学生尝试解决的机会，是引发学生思考，保持学生的思维活跃状态的重要策略。学生尝试解决问题的过程，就是一个自主探索的过程，也是一个集思考、实践、解惑于一体的过程。这样的过程是培养学生思考能力的关键。当学生在笔算 $23 \div 5$，无法用叠加式表示笔算过程时，就会去尝试探究另外的形式，这种意识是学生思维能力发展的必要基础。

（三）让学生在交流中完善认识

显然，尝试探究时，学生更多是个体的思维在起作用。为了创造一个团队思维碰撞的机会，则需要为学生设计一个交流思维过程的环节。这一环节，既是学生个人成果展示的环节，同时也是他们修正思维缺陷、矫正思维方向的环节，其间可能有困惑，也可能有顿悟，有可能针锋相对，也可能豁然开朗。而这些思维层面上的活动，便是学生对除法竖式的认识不断完善、不断明晰的过程。

也许这个教学环节所花的时间仅仅是一节课的三分之一，甚至不到，但这样一个"问题产生—尝试解决—调整完善"的数学学习过程，却在学生思维能力培养中有着重要的作用。而这也正是新课程理念下的课堂教学所追求的。

8 忽视"证伪"教学的原因及对策

——由《平行四边形面积》一课教学中方法探究活动引发的思考

"证伪"思想是由英国哲学家卡尔·波普尔提出来的。波普尔在其著作《猜想与反驳》中谈到，科学是需要通过不断的猜想去逼近真理，需要"不断地提出假说，证伪，再提出假说，再证伪……"[①]而小学数学知识的学习同样是一个科学知识的学习过程，其首要任务是在"数量关系和空间形式"的研究过程中，习得数学知识与数学技能，形成数学的思想方法，积累数学的基本活动经验，最终发展数学素养。因此，小学数学教学的应然追求，同样是"求是与去伪的恰当融合"[②]，需要在"证伪"的基础上"去伪"，从而形成正确的数学思想与方法，习得相关的知识与技能。

然而，一线教师往往重视"证实"，忽视"证伪"。曾在一次招聘教师的活动中，作为评审组的一员听取了 19 位报名对象执教的《平行四边形面积》一课。课中，当学生呈现了"邻边相乘"和"底高相乘"两种不同的方法计算平行四边形面积后，只有一位教师既组织学生研究"'底高相乘'为什么正确"的道理，还引导学生探讨"'邻边相乘'为什么不正确"的原因。其他 18 位教师虽然都很注意引导学生探究"底高相乘"这种方法的正确性，却弃"邻边相乘"这种算法于不顾，完全放弃对其"为什么不正确"的道理

---

① 黄加卫.浅议"证伪"思想在高中数学教学中的作用 [J]. 中学数学杂志，2011（7）：18-22.

② 喻平.教学的应然追求：求是与去伪的融合 [J]. 教育学报，2012（8）：28-33.

的研究。事实上，如同此类"重'证实'，轻'证伪'"的教学现象，在小学数学日常教学中大量存在。

当然，在小学数学课堂教学中，"证伪"思想被忽视，"证伪"教学的极其弱化，有着比较复杂的原因。本文尝试作一定的分析，进而提出改变这种状况的若干对策。

一、忽视"证伪"教学的三种典型表现

与一般科学知识相同，数学作为一门基础性科学，许多知识的形成同样是经过长期的研究探索后取得的，其间同样经历过不断地"证伪"过程。然而，在小学数学课堂教学中，许多一线教师往往注重知识的"证实"，对"证伪"的过程则不重视，甚至根本不去关注。具体可以归纳为三种典型表现。

（一）无"伪"可证

我们知道，课堂教学首先是一个教师"教"与学生"学"互动交流的过程。教师的"教"应该以课程内容和学生的"学"的状态为基本出发点。学生"学"的过程，应该是一个主动的、基于问题提出与思考的过程。然而，现在仍然有许多的小学数学课堂，教师强势的"教"完全替代了学生的"学"。特别是在重点知识的学习中，教师根本不给学生探究的机会。学生的"学"也只需去关注教师的讲解，接受教材的结论即可。这样的课堂，根本没有"假说—探究"的学习过程，出现无"伪"可证的局面也就不足为奇了。1997年5月，教育部组织北京师范大学等六所高等师范院校的有关专家进行的一次调查表明："我国义务教育阶段目前教与学的方式，以被动接受式为主要特征"，"教学以教师的讲授为主，很少让学生通过自己的活动与实践来获取知识"。对学生自主性学习方式的使用频率调查中，"只有4%的教师认为这种方法有道理而且自己时常这样做；62%的教师认为这种方法虽然有道理，但教学大纲、教材、应试制度等不具备这种条件，另有30%左右的教师则认为'教学是在有限时间内学更多的知识'，'不值得这样做'，

或'对中、低年级不合适'，甚至认为'浪费时间'"。[①] 即便是课程改革十年后的今天，学生的自主学习仍然得不到真正落实。许多教育界人士在谈到课程改革十年的问题时，认为"全国层面上存在着'重教轻学'的现象，从预设到教学，老师基本上是站在教的立场上而不是学生立场上实施教学"[②]，仍然是一个很值得关注的问题。而这样的状况，便是无"伪"可证的土壤。

（二）有"伪"不证

这种状况一般出现在新手教师的课堂上。虽然这种课堂上，教师有意识地留给学生自主探索的时间和空间，留给学生自主思考解决问题的机会，但当学生呈现了自主探索的结果后，教师往往对正确结果给予足够的重视，对错误结论则不予关注。如文章开头的案例中所讲到了《平行四边形面积》一课教学中，18 位教师的教学过程关注了"底高相乘"方法的探讨，组织学生展示化归的过程，并说明"转化"后的长方形中的"长、宽"与原平行四边形中的"底、高"间的对应关系，最后根据"长方形的面积 = 长 × 宽"，推理得出"平行四边形面积 = 底 × 高"，结论得到证实；对"邻边相乘"的方法则放弃不用，无视了"'邻边相乘'为什么不能得出平行四边形面积"这个有价值的问题，失去了引导学生体验"证伪"过程的机会。这是有"伪"不证的典型体现。

（三）证"伪"不实

这是新课程理念下一般教师在处理"证伪"时比较常见的一种状况。在这样的课堂中，教师能够关注到对一些"伪结论"的讨论，但在讨论过程中，又出现了证"伪"不实的情况。具体又表现为两种状况：一是讨论过程中，教师没有将其扩展到全体学生中，把"证伪"过程的体验，作为全体学生的学习资源；二是教师的讲解代替学生的说明，从而缺少暴露学生的"假

---

① 傅道春. 新课程中课堂行为的变化 [M]. 北京：首都师范大学出版社，2002：138-139.
② 崔峦. 新课程改革这些年 [J]. 新课程导学，2011（6）：3-4.

说—研究"的过程，让"证伪"的学习价值大大降低。如在《商不变的规律》一课中，因为从商的变化规律来看，只有被除数和除数同时乘以或除以一个相同的数商才不变，所以在实际课堂教学中，许多教师要么在设计中根本就不让"被除数和除数同时加上或减去同一个数，结果也不变"这种假说出现，要么就淡化其验证的过程，只组织学生在小范围内进行讨论，从而使许多学生心中的疑惑无法得到解答。[①] 证"伪"不实，同样是忽视"证伪"教学的一种典型表现。

二、忽视"证伪"教学的原因分析

"证伪"教学被忽视现象的产生，当然有其相当复杂的原因，且有些现象是多种因素结合造成的。本文试图分析造成某种"证伪"被忽视现象的主要因素。

（一）教师控制的课堂：无"伪"可证的主因

无"伪"可证的主要问题是：课堂教学为什么不出现"证伪"的机会？再深究下去，为什么课堂上只存在正确的结论，而不出现错误的结论？这是学生学习的自然状态吗？如果不是，那么是什么原因造成的？

新课程倡导以学生为主体的课堂，突出"以学定教"的理念，将"学为中心"的教学理念充分放大，以期望改变传统课堂上教师主讲、"满堂灌"的现象。新课程实施以来，传统课堂上"满堂灌"的现象虽然已发生了改变，但取而代之的却是"满堂问""满堂练"。此类现象是否就说明了教师已经把课堂还给学生了呢？事实却并非如此。"满堂问""满堂练"的主角仍然是教师，教师控制课堂的情况仍然大量存在。特别当一节课内容较多时，则基本不给学生独立思考的时间，更谈不上留给学生"提出假说、尝试探究"的空间了。如果说前面的调查还是在课改前所反映出来的一线教学的状况，

---

① 吴卫东，邱向理. 小学数学典型课示例——历史视角下的研究 [M]. 长春：东北师范大学出版社，2005：174-188.

那么"理念认同度高""实施满意度低""即便政府强力推行（如大规模培训），教师仍然可以我行我素。即便教师打心底里认同这些理念，行为仍会不自觉地'复原'"①则是新课程实施以后的困境。"问题的最终提出者仍然是教师，问题的最终解决也落在教师身上。大多数教师为了既定的程序不去捕捉课堂上的生成性资源。"②在这样的课堂上，也就基本不会出现"伪结论"，也就谈不上组织学生去"证伪"了。

（二）目标定位的偏颇：有"伪"不证的主因

有"伪"不证的主要问题是：为什么课堂上出现了"伪结论"后，教师不愿意引导学生花时间去深究"伪结论""伪"在哪里。探究"伪结论"，除了可以让我们知道"伪"的原因之外，还可以让我们收获什么？

课堂是一个学生自主学习的场域。因为是自主学习，因此便有可能产生不正确的结论，即学生在学习过程中提出了错误的"假说"，产生不正确的结论。当这种"伪结论"出现后，教师不去组织学生"证伪"的主要原因一般有两种：一是目标定位"重知识结论，轻过程探究"，即对教学过程的目标定位，只关注学生对正确思考方法或结果理解与否，而没有对错误思考方法或结果的研究准备，于是教学中只认为需要引导学生得出正确结论，并且组织学生完成"证实"的过程，而根本就顾及不到"证伪"的过程，即使出现"伪结论"，也不作探究。

二是认识不到"证伪"过程的教学价值。因此在他们看来，错误的想法只需点到为止，无需展开，只要引导学生把正确的方法与结论研究清楚即可。于是，在课堂上，即使出现"伪结论"，教师同样刻意避之，不作探讨。如在《分数加减法》一课的教学实践中，因为课前教师在制定教学目标时，没有将"分子、分母分别相加减"作为一个"证伪"教学活动来定位，所以在计算诸如 $\frac{1}{8}+\frac{3}{8}$ 时，有学生用了"分子加分子，分母加分母"的方法进行计算，结果等于 $\frac{4}{16}$，许多教师认为这是非典型错误，而不去加以探讨，也

---

① 余慧娟. 十年课改的深思与隐忧 [J]. 人民教育，2012（2）：31-35.
② 仲平. 课改十年，课堂教学有了哪些变化 [J]. 基础教育课程，2009（7）：18-25.

就不足为奇了。

（三）教学机智的不足：证"伪"不实的主因

证"伪"不实的主要问题是：是不是所有的"伪结论"都有"证伪"的价值？为什么对于有些"伪结论"，教师在课堂上明明已经给予了关注，并且已经组织学生去研究"伪结论"为什么不正确，可效果却并不明显，有时甚至还干扰学生对正确结论的认识与理解？

课堂教学不仅仅是一个简单的知识传递过程，它事实上还涉及师生情感交流、认知过程的恰当引导以及生生间的共同创造等诸多因素。因此，课堂上教师组织学生进行学习时，灵活处理教学事件、恰当组织教学进程中所体现出来的教学机智，是确保一节课有效的相当重要的因素。组织学生"证伪"的过程，同样离不开教师的教学机智。当然，笔者认为，在引导学生进行"证伪"的过程中，教师的教学机智主要是指对"伪结论"探讨价值的判断力与调控"证伪"过程的组织力，即在课堂教学中，学生基于自主学习得到"伪结论"后，教师需要及时对其作出判断，是否需要组织全体学生进行"证伪"，探讨这种结论错误的原因，思考其价值。课堂教学实践中，教师教学机智的薄弱，往往让有价值的"证伪"教学资源发挥不了"证伪"教学的学习价值。

三、改变忽视"证伪"教学的对策

忽视"证伪"教学现状的改变，需要有教学理念的改变与教学行为的改变两个层面上的努力。针对以上问题，我们可以从以下三个方面进行尝试。

（一）改变教师控制课堂的局面，关注学生主动学习的发生，不必担心"伪结论"的生成

新课程背景下，教师已经从单向的知识传授者的角色转变为"学生发展

的促进者"①，学生的学习方式，也正由传统的单一接受式学习向探究式学习转变。于是，在课堂上，当教师呈现了相应的学习任务之后，更多作为"积极的旁观者"出现，在学生进行自主学习时，"积极地看，积极地听"②；当学生展示学习成果，或者表达研究结论时，给学生充分暴露思维过程的机会，激起更多学生参与讨论的积极性；当学生呈现结论"不太完善"，甚至错误时，应该坦然面对，有时甚至故意放大错误结论，以引发全体学生进行思考、探讨，引导全体学生参与"证伪"过程，从而实现"去伪"基础上的概念的深刻理解。

（二）重视课堂教学"过程目标"的设计，认识"证伪"教学的价值，让"有价值的'证伪'"活动为提升学生的数学素养服务

课程标准在进一步明确了数学课程"结果目标"的同时，提出了数学课程的"过程目标"，并且以"经历""体验""探索"三个行为动词表述了相应层次的目标要求。而"证伪"作为一个学习过程，同样有着引导学生"经历、体验、探索"的重要作用，其在小学数学课堂教学中的典型体现，即当出现一个结论时，首先表现出一种怀疑的态度：这种方法（或想法）正确吗？可行吗？然后举一些相关的例子进行验证，最后根据验证结果，再次判断结论是否正确。如果结论不正确，则需要思考问题出在哪里？比如在学习了分数运算后，因为学生有"$3\frac{3}{8}\div3=3\div3+\frac{3}{8}\div3$"这样的计算经验，于是有学生在计算 $3\div3\frac{3}{8}$ 时，出现了"$3\div3+3\div\frac{3}{8}$"这样的算法。答案显然是错误的。此时便可以组织学生"证伪"，因为研究此算法"为什么错误"的材料可以是举一些整数运算的例子，学生有自主"证伪"的可能性。且在两种情况对比过程中，会让学生明白 $(a+b)\div c=a\div c+b\div c$，其实是 $(a+b)\times\frac{1}{c}=a\times\frac{1}{c}+b\times\frac{1}{c}$ 的变式，其算理符合乘法分配律，值是不变的，因此是一种合理的运算；而 $c\div(a+b)$ 与 $c\div a+c\div b$ 不相等，因为前者的值小于后者的

---

① 傅道春. 新课程中课堂行为的变化 [M]. 北京：首都师范大学出版社，2002：176.
② 同上。

值，不符合运算定律的意义，是一种不合理的运算过程，答案当然就错了。这样的分析与思辨，本身便有着相当高的教学价值，"证伪"教学的价值也就不言而喻了。

（三）提高教师对教学资源价值的判断力，有效组织"证伪"过程，提升"证伪"的学习价值

"证伪"从严格意义上说是一种科学研究的方法。在小学数学课堂教学中，"证伪"教学的应用，需要教师对"证伪"教学资源有较强的判断力，即能够抓住有价值的"证伪"教学资源，引导学生进行"证伪"活动，充分发挥"证伪"过程的学习功能，从而通过"证伪"强化对"正确结论"的认识。如《平行四边形面积》一课的教学，我们来看一位教师对"邻边相乘"这一方法的"证伪"教学设计过程。

先"证实"。 有学生已经从刚才的方格纸验证的过程中得到了启发：在方格纸上看到，把这个平行四边形左边的角剪下来，拼到右边去，就得到了一个长方形，这个长方形面积就是平行四边形的面积。教师结合学生的讲解，沿着平行四边形的一条高剪开，再用方格纸验证，让学生清晰地看到，操作后两个图形的面积没有发生变化。教师组织小结：原来这个平行四边形，我们可以把它转化成长方形来思考，这个长方形的面积是 $7cm \times 3cm = 21cm^2$，所以这个平行四边形的面积就是 $21cm^2$。

再"证伪"。 教师引导：刚才同学在说明 $7cm \times 5cm = 35cm^2$ 时，同样是把它想成了长方形，面积用"长 7 cm × 宽 5 cm"来计算，那么平行四边形面积计算也就可以把相邻两条边乘起来，但这样算又为什么不对了呢？教师边质疑边呈现平行四边形向长方形的变化过程（如右图）。学生回答：这样拉起来后，面积比原来大了。教师请学生在图上指出来哪一部分大了。其实从图中很容易看到，阴影部分是长方形面积比原来平行四边形大的部分。显然，这样的转化方法是不正确的。

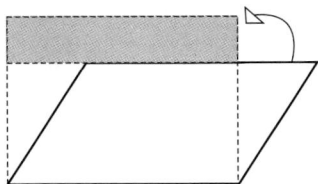

通过"证实"与"证伪"的对比教学，引导学生体验，在化归思想方法

的运用中，"变"只是一种形式上的转化，"不变"是其本质内涵的体现。在平行四边形面积计算方法的探究中，把握"面积不变"是其核心，也只有在保证面积不变的前提下，才能借助化归方法去进行转化。正因为如此，"剪拼法"是合理的，"拉动法"是不合理的。

第三章

聚焦问题解决的学习过程

教学研究的生命力体现在对课堂教学的分析与思考之中。研究自身的课堂教学实践，反思自身的教育教学行为，是一名优秀教师专业成长的必经之路。唯有亲身实践，才能知道先进的教育教学理念是否能够落地，预设的教学策略或学习路径是否可行。当然，亲身实践，让你更能真正体会到教学过程的真实感，享受教学研究所带来的乐趣。

⚘ 概念建构：一个表象建立和丰富的过程

—— "三角形的高"的教学引发的思考

"三角形的高"是人教版四年级数学教材《三角形的认识》一课中的重要内容，教材给出了这样的定义："从三角形的一个顶点到它的对边作一条垂线，顶点到垂足之间的线段叫做三角形的高，这条对边叫做三角形的底。"从定义的角度来分析，三角形的高属于陈述性知识的范畴。况且，学生并非第一次接触"高"的概念（学生在四年级上册学习平行四边形和梯形的知识时，已认识到图形的"高"的概念），且已具备了"通过已知直线外一点向该直线作垂线"的基本技能，其习得过程似乎就可以借助原有的知识经验来实现。那么，学生在"高"的概念建立中，是不是可以自主习得呢？

一、问题产生：学生读了"定义"，怎么就不会画呢？

在一次区级教学研讨活动中，笔者执教了《三角形的认识》一课，关于高的教学，就尝试先让学生自学课本上的底和高的定义，然后提出要求：画出三角形（如右图）的高，结果出现了三种状况（见下页图）。

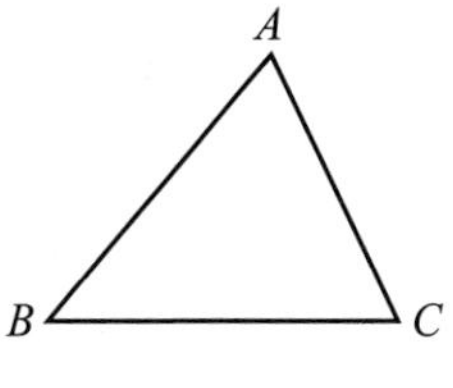

前面两种结果显然不对，有半数以上的学生能够画出三角形 BC 边上的高（如下页右图）。能够结合高的定义，画出这个三角形的 3 条高的只有 2 位（全班共 43 位学生），而且这 2 位学生在数量上想到了可以画 3 条，但在

画 AB 和 AC 边上的高时，明显没有画垂直。结果表明，学生通过自主阅读课本定义，尚未建立起正确的"三角形的高"的概念。

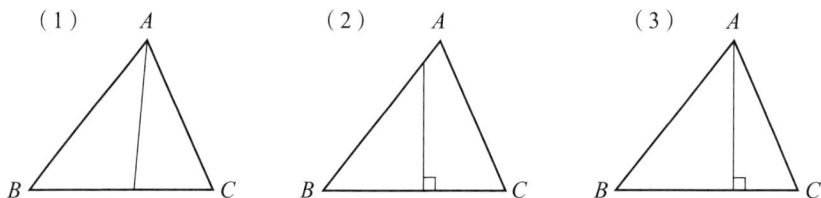

二、原因分析：概念理解的过程并不是一蹴而就的

针对这一现象，笔者进行了深入思考，认为与三个方面的因素相关：

首先，从认知能力上来分析，当学生在把文字转化为图形的过程中，不仅仅是思维上存在着一定的障碍，更主要的是缺少必要的图式作支持。因为教材高的定义中，"垂线"与"点到直线的距离"这两个几何基本概念需要学生在思维中有所复现。如果在解读这段文字时，学生对这两个概念已经淡忘，那么就会给学生理解三角形高的定义带来困难。

其次，从知识基础上来分析，学生对三角形"三条边、三个顶点、三个角"的基本特征与"高"的概念间，还没有建立起相应的联系，知识缺乏整体性。与平行四边形、梯形的高可以画无数条不同，三角形的高因为其特定的形状，需要画在三个特定的位置，故三角形的底和高规定为 3 组（如右图），垂直线段 AD 是边 BC 上的高，垂直线段 BE 是边 AC 上的高，垂直线段 CF 是边 AB 上的高。

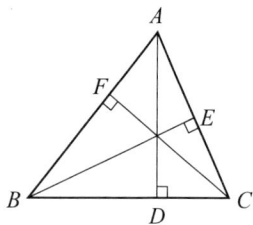

最后，学生对"高"这一概念非本质属性的认识经验影响了对三角形高的认识。能够画出 BC 边上的高，而没有想到去画 AB 或者 AC 边上高的学生，与其受生活概念高的意义的负迁移影响有关。因为在孩子的认知中，高低一般是指物体垂直上下的距离。因为对概念非本质属性的认知，淡化了对本质属性的理解，在学生学习中是一种比较常见的现象。因此，在三角形

"高"的概念建立中，从对非本质属性的关注到对本质属性的把握，需要教师的有效引导。

三、实践思考：几何概念的建构是一个典型的表象建立与丰富的过程

三角形的高，是一个典型的几何概念。从定义的陈述角度来看，它属于陈述性知识。陈述性知识的习得，可以通过读读、记记来完成，但这只是一种方式。一些几何概念因为涉及"空间与图形"的特征，其理解掌握过程需要有相应的形象化材料作支撑，表象建立在几何概念的认识与理解过程中，显得尤为重要。笔者认为，学生在阅读三角形高的定义后所形成的认识，只是处在一个表象初步建立的阶段，认识高的过程，需要不断地丰富表象、完善表象，最终才能形成完整的概念认识。因此，我们的教学实践需要围绕概念形成的三个层次来设计与推进。

（一）表象初步建立层次的活动设计及教学思考

活动：尝试在三角形（锐角三角形）中画出高。活动中，学生可在自学课本的基础上尝试画，也可以凭经验去画，为后续讨论交流提供必要的学习材料。

交流画了1条高的学生作业，分为两个步骤：

第一步，先交流画得正确的作业，引导学生思考两个问题：①为什么说画的这条线段是这个三角形的高？引导学生用高的定义来解释，自己所画的"从一个顶点向对边画的一条垂直线段"就是这条边上的高。②为什么要这样画？强调三角形某条边上高的画法，即过对应的顶点画出所在边上的垂直线段。这两个问题是相互补充的，核心目标均在于引导学生围绕高的定义中的核心要素"顶点到对边的距离"进行解释，帮助学生建立起三角形高的正确表象。当对画得正确的作业进行了解读和评析后，再用一个画得正确的作业进行强化。

第二步，呈现画得不正确的作业（如前文呈现的两种典型错误）。这两种错误作业无论先反馈哪一种，在反馈时一定要学生充分解读，说出错误原

因，评价依据仍然是高的定义，从而引导学生建构起高的正确表象。

（二）表象丰富修正层次的活动设计及教学思考

本层次的活动主要有两个：

活动一：交流画了3条高的学生作业，引导学生完整认识锐角三角形中"高"的特征。

交流过程包含两种情况：一是数量对，但画得不够正确；二是数量对，画得也正确。反馈时质疑的核心问题是"为什么画了3条"，从而引导学生把三角形的高与三角形的基本特征联系起来，完善认识。这个环节在课堂上只需稍加点拨，学生较容易理解。

活动二：画出直角三角形（如右图）指定底边上的高，然后结合作业交流。

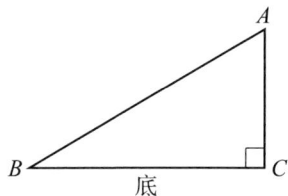

在实践中，学生出现了以下几种错误：

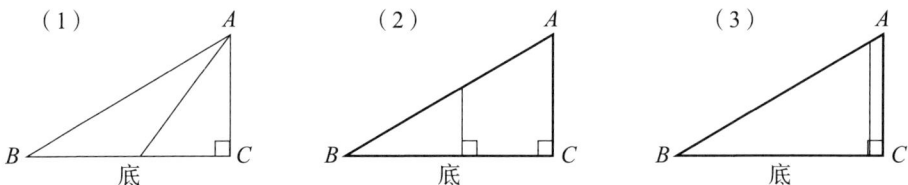

全班43位学生能够正确理解这个直角三角形指定底边上"高"的不到30%。43位学生中，能够明确知道 AC 边就是 BC 边上的高的学生只有1位，其他画正确的学生均在 AC 边的上面作了一条与它重合的垂直线段（有铅笔印痕）。出现这样的状况，一则与学生对三角形高的概念建构还不完善，还没有真正把"从'顶点'向'对边'作'垂线'"理解为高的本质属性有关；二来与学生对直角三角形中直角的特征和直角边上对应的高缺少联结经验有关。这是由学生的知识基础造成的，因为从教材编排来看，学生在这之前还没有学习"三角形的分类"，还不知道有"直角三角形"一说。因此，学生还不习惯借助直角三角形本身具有的元素——直角来联结"垂直线段"与"高"的概念。这恰恰是本节课教学中需要教师帮助学生突破的关节点，是丰富高的表象的重要环节。因此，教学时的反馈过程显得极其重要。实践中，笔者是这样来操作的：

（1）抓住错误作业，引导辨析思考。点评三种错误时，始终引导学生围绕三角形高的定义进行分析。这样的分析过程，一则是引导学生进一步理解高的定义，二来也让一些学生产生认知冲突。因为在直角三角形中，直角边上的高分别是另外一条直角边，学生画对的话，只需画出一条与另一条直角边重合的线段即可，或者说根本就不需要画。因为另一条直角边完全符合三角形高的定义。因此，在学生能够判定三种错误情况时，呈现那种与另一条直角边重合的画法及没有画而直接在另一条直角边旁写上"高"的作业，顺势请学生判断。学生有一种恍然大悟的感觉。

（2）拓展作业，完善认识。直角三角形中画高的作业，不能仅仅止于画正确一条高。实践中，笔者在完成了画指定底边上的高这个任务后，顺势引导学生思考"另外两条边上对应的高是怎样的"，使其最终认识到直角三角形也有相对应 3 组"底"和"高"，并清楚地知道某条直角边上的"高"是另外一条直角边。

（三）概念清晰完备层次的活动设计及教学思考

活动：画出右面三角形指定底边上的高。

引入钝角三角形中高的认识，引导学生对三类三角形中的高的基本特点有较为完整的认识，这对于学生完整认识三角形"高"的概念有相当大的价值。当

底

然，对于这一目标，还不能体现在作图上，因为作钝角三角形短边上的高，对小学生不作要求。笔者在钝角三角形中的高的教学实践中，分了两个层次来落实：

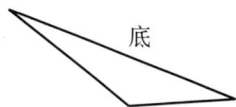

（1）正确画出指定底边（最长边）上的高。实践中，学生画后交流点评。首先评改错误情况，即从钝角的顶点出发画出一条与某条短边垂直的线段，误作最长边上的高。此时需要引导学生注意一下画垂线的技巧。然后反馈画得正确的作业，请学生说画法，强化认识。

（2）质疑引思，启发想象：另外两条边上对应的高在哪里？此时，学生

碰到了困难，因为有学生质疑另外两条边无法画出高。笔者以为，学生出现这样一种疑惑，说明其对三角形高的定义是真正理解了。因为此时学生对三角形高的定义的理解与钝角三角形本身的特点联系起来了，是在无法操作的前提下，产生了矛盾冲突。此时的思考，才是数学学习过程中真正有价值的思考，是有利于培养学生创新思维的思考。而四年级的学生也能够认识到这样的层次。此时，把钝角三角形另外两条边上的高也展示出来，请学生了解画法及图像，一则让学生初步感知"钝角三角形内只能画出最长边上的高，还有两条高，只能画在三角形外"的知识点，二来也充分了解所有三角形均有3组对应的"底"和"高"的知识，从而对"三角形的高"的知识有完整的认识。

笔者认为，以上三角形高的教学实践过程，通过"初步感知定义，建立正确的表象；辨析中逐渐理解定义，丰富高的表象；操作与解读中深刻理解三角形高的定义和高的特点，完善概念认识"三个层次的教学活动，遵循了概念建构的基本规律，印证了几何概念教学中表象形成与完善的重要价值，也体现了概念教学的一般规律，是一种典型的有意义学习。

② 回归本源，为学生的数学理解找到支点

——《连除的简便计算》教学实践与思考

数学学习的过程是一个基于经验的建构过程，数学教学即是引导学生通过一个充满探索的过程，"让已经存在于学生头脑中的那些不那么正规的数学知识和数学体验上升发展为科学的结论"。显然，学生原有的认知经验在其认识和理解新知的过程中起着重要的作用。在实践中，教师能否帮助学生充分利用原有的认知经验建构新知，成为课堂教学是否有效的重要特征之一。

《连除的简便计算》是人教版课标实验教材四年级下册的一节内容，通过教学使学生理解并掌握"一个数连续除以两个数等于这个数除以这两个数的积"的规律（以下简称"连除性质"）。在教学设计与实践中，笔者有意识地改变了以往规律教学课从"猜想"到"验证"的教学模式，以意义理解为突破口，帮助学生找到理解"连除性质"的支点，从而使学生从"除法"这一源头上把握"连除性质"的本质。

一、教学设想

本节内容是在学生认识了除法及会进行连除的计算和解决了一些实际问题的基础上学习的，它是对"除法意义"的进一步理解和应用，也是除法学习过程中数学思考形成的重要内容之一。在设计这节内容时，笔者着重思考以下三个问题：

（一）规律的得出仅仅通过不完全归纳验证，够吗？

作为一节规律探究课的教学，笔者首先想到是否可以通过"猜想—验证—归纳"的教学模式组织教学。然而，经过思考，笔者发现，虽然作为引导学生进行自主学习的一种方式，"猜想—验证"有着极重要的价值，但在本节内容的具体实践中，却存在着两大障碍：一是在学生举例验证过程中，由于受所学知识的限制，当出现不能整除时，学生很难作出解释；二是即使学生对"$a \div b \div c = a \div (b \times c)$"这一规律作出验证并认可，但由于是通过不完全归纳验证得到的，无法推广到对"$a \div b \div c = a \div c \div b$"的理解上。因此，我认为，"猜想—验证—归纳"作为探究"连除性质"的教学模式并不适合。

（二）理解"连除性质"的支点在哪里？

同样是规律教学，"连除性质"与一般的规律教学（比如"商不变性质"）有着诸多的不同之处。从外在的形式来看，学生并不是第一次接触"连除性质"。教材已经在二、三年级编排了连除的相关内容，而且学生已经会用连除运算解决实际问题（三年级下册）。应该说，学生对连除已经有了相当丰富的感性经验。因此，本节课的教学重点不应该只是一种形式上的探究，应更多地把重心落在对"$a \div b \div c$ 与 $a \div (b \times c)$ 外在形式不同，但结果为什么会相等"的本质意义的理解上。于是寻找理解规律的支点，帮助学生建构完整的数学认识，在教学中就显得尤为重要了。经过思考，笔者认为，学生对"除法的认识"是深刻理解和把握"连除性质"的支点。"一个数连续除以两个数（或几个数），可以等于一个数除以两个数（或几个数）的乘积"，它的本质是"平均分"。对一个数不管是连续地平均分，还是一次性平均分，只要平均分成的份数相同，结果不会改变。

（三）完整地认识"除法性质"有可能吗？

事实上，"连除性质"的内涵是"一个数除以两个自然数的积，等于这个数依次除以积的两个因数"[①]。这一定义说明在"连除性质"中,既包括了"$a \div (b \times c) = a \div b \div c$"这一形式,也包括"$a \div (b \times c) = a \div c \div b$"这一形式,根据推论还包括"$a \div b \div c = a \div c \div b$"这一形式。从教材的编写来看,因为考虑到学生认知水平的局限,似乎突出了对"$a \div b \div c = a \div (b \times c)$"的理解,而有意识地淡化了对"$a \div b \div c = a \div c \div b$"和"$a \div (b \times c) = a \div c \div b$"这两种形式的理解。然而在实际的教学中,由于是在"解决实际问题"和"连除的运算"的背景下来研究"连除性质"的,在引导学生理解"$a \div b \div c = a \div (b \times c)$"的本质意义的同时,不可避免会碰到对"$a \div b \div c = a \div c \div b$"的理解。处理好这两者之间的关系,既成为课堂教学规律拓展的内容,也成为认识规律逐步完善的过程。因为在认识理解"$a \div b \div c = a \div (b \times c)$"这一规律的过程中,注重了从意义层面上来理解,因此引导学生理解"$a \div b \div c = a \div c \div b$"的道理也就变得并不那么复杂了。

通过以上思考,本节课的教学目标确定如下:

(1)引导学生知道并理解"一个数连续除以两个数,即是把这个数连续平均分;一个数除以两个数的积,即是把这个数一次平均分。两种方式只要平均分成的份数不变,结果也不变",并能把这种理解问题的方式迁移到对"$a \div b \div c = a \div c \div b$"的理解过程中,从而对"除法性质"有较为完整的认识。

(2)使学生能结合除法的运算,合理选择简便方法进行简算,提高学生灵活运用数学知识解决实际问题的能力。

二、教学实践

(一)解决问题,激疑思考

谈话引入:很多数学问题都来源于生活,我们已经知道了用所学的数学知识来解决生活中的问题的方法。我们今天再来看一些生活问题。

---

① 洪潮,王明欢,周华辅,等. 小学数学基础理论和教法(第一册)[M]. 北京:人民教育出版社,1984:45.

问题一：一共有 25 个小组，每个小组种了 5 棵树苗。购买树苗花了 1250 元，每棵树苗多少钱？

学生独立完成后反馈：

生：1250÷25÷5=50÷5=10 元。

理由：1250 除以 25 求出了每个小组买树苗一共花了多少钱；再除以 5，就是求出每棵树苗多少钱了。

生：1250÷（25×5）=1250÷125=10 元。

理由：25 乘以 5 先解决了每个小组共种了多少棵树；再与 1250 除，也就是求出每棵树苗多少钱了。

师：第一条思路是先解决一个组买树苗共花多少钱，再求出每棵树苗多少钱；第二条思路是先解决每个组共种了多少棵树，再求出每棵树苗多少钱。两条思路都能解决这个问题，而且结果也相等，那么这两个算式可以用等号连接。

板书：1250÷25÷5=1250÷（25×5）。

问题二：佳美杂货店用 120 元钱进了 4 箱伊利牛奶，每箱 6 盒。平均每盒牛奶多少元？

学生独立完成后反馈，最后得到：120÷4÷6=120÷（4×6）。

[说明：数学与现实之间的联系已经为广大教师所认同。连除的问题在现实生活中还是比较多的。呈现连除的数学问题情境，一是唤起学生对解决"连除"问题的回忆；二是为后面解释算理提供一定的背景，便于学生以原有的经验来解释新问题。]

（二）唤起回忆，理解意义

师：同学们在解决第二个问题中，也出现了这种现象：120÷4÷6=120÷（4×6）。那么这样的算式为什么可以相等？这到底与我们以前学过的知识有怎样的联系呢？

学生们面面相觑，终于有人在小声地议论：这是平均分。

师：你从这里看出了平均分？你是怎样想的？说给大家听听看。

生：120÷4 是把 120 元钱平均分成 4 份，每箱就是 30 元，再把 30 元平均分成 6 份，每份就是 5 元。

教师结合学生的回答，用媒体演示平均分的过程，并引导总结：120 ÷ 4 ÷ 6 表示把 120 元钱平均分成 24 份。

师：那么 120 ÷（4 × 6）这个算式到底又有什么意思呢？

生：120 ÷（4 × 6）里的 4 × 6 表示 4 箱一共有 24 盒，也就是把 120 平均分成 24 份。

教师用多媒体演示了"4 个 6 盒就是 24 盒"的过程，并沟通两种平均分的过程：120 ÷ 4 ÷ 6 和 120 ÷（4 × 6）都是在把 120 元平均分成 24 份。

接着引导学生结合具体情境解释：1250 ÷ 25 ÷ 5 与 1250 ÷（25 × 5）为什么相等？

学生相互交流后，指名反馈说明理由：因为 1250 ÷ 25 ÷ 5 与 1250 ÷（25 × 5）都是把 1250 平均分成 125 份，所以结果也相等。

（三）引导总结，归纳规律

师：在解决问题过程中，存在着这样的现象。那么这些现象在计算中会存在吗？请大家举些例子试试看。

学生自主举例后，反馈结果：

生：240 ÷ 4 ÷ 6 = 240 ÷（4 × 6）。

理由：因为都是把 240 平均分成了 24 份，所以是相等的。

师生共同计算后，结果确实都是 10。

生：180 ÷ 2 ÷ 9 = 180 ÷（2 × 9）。

理由：它们都是把 180 平均分成 18 份，所以是相等的。

师：老师来写一个，你们看看是不是相等的。（板书）1000 ÷ 6 ÷ 4 = 1000 ÷（6 × 4）这两个算式相等吗？

有些学生说相等，有些学生说不相等。于是教师请学生说理。

有学生说：不用计算。因为都是把 1000 平均分成 24 份，肯定相等。

[说明：引导学生从除法"平均分"的意义入手，理解"一个数连续除以两个数，可以除以这两个数的乘积"的道理，为学生理解"连除性质"找到了支点，从而比较自然地沟通了知识间的联系。]

（四）运用规律，深化理解

练习：下面各题怎样简便就怎样算。

$$4000 \div 25 \div 8 \qquad 160 \div 5 \div 16 \qquad 540 \div 35$$

学生独立完成后反馈交流。

生：$4000 \div 25 \div 8 = 4000 \div (25 \times 8) = 4000 \div 200 = 20$。

生：$4000 \div 25 \div 8 = 4000 \div 8 \div 25 = 500 \div 25 = 20$。

师：第二位同学的算法正确吗？你是怎样想的？

生：我想先用 4000 除以 8 比较简单，等于 500；500 再除以 25 就等于 20。

师：你们说这样计算可以吗？为什么？

生：这样计算是可以的。因为不管是先除以 25，再除以 8，还是先除以 8，再除以 25，结果都是把 4000 平均分成 200 份，所以结果是相等的。

师：哇，这位同学用到了刚才理解规律的方法来解释这个问题，真了不起！

反馈第二题，结果出现两种情况：

（1）$160 \div 5 \div 16 = 160 \div (5 \times 16) = 160 \div 80 = 2$。

（2）$160 \div 5 \div 16 = 160 \div 16 \div 5 = 10 \div 5 = 2$。

反馈第三题，很多学生知道把 35 拆成 7×5，再把算式变成 $540 \div 7 \div 5$ 来计算，使计算变得简便一些。

最后教师提供一个问题，帮助学生进一步思考。

呈现材料：$240 \div 6 \div 5 \div 2 \div 2$。

师：当你在计算这道题时，你会想到什么？

生：我想到了可以把后面的几个数先乘起来，变成 $240 \div (6 \times 5 \times 2 \times 2)$。

师：为什么可以这样算？

生：因为都是把 240 平均分成 120 份。

师：看来这个规律不仅仅局限于连续除以两个数，还可以推广到除数是连续几个数的时候。

[说明：把本节课中的重点"连除性质"的应用，安排在"除法运算"背景中，扩大了计算的背景，打破了纯粹的技能训练，把数学意识培养放到

了更为重要的位置上来。]

三、实践反思

与一般的规律教学课相比，《连除的简便计算》的教学把"规律本质意义的理解""规律学习过程的思考性"摆在了突出的位置上，不仅提升了学生的思维水平，同时也使整节课的教学显得自然流畅，对规律的整体认识水到渠成。具体体现在以下两个方面：

（一）规律理解的过程是学生构建"知识链"的过程

在外在形式上，$a \div b \div c$ 与 $a \div (b \times c)$、$a \div c \div b$ 等算式存在着明显的不同。然而，当我们把 $a \div b \div c$ 与 $a \div (b \times c)$、$a \div c \div b$ 等算式的意义归结到除法"平均分"的意义上，借助这一支点，并结合多媒体直观演示"连续除以两个数，即是把一个数连续平均分；而除以两个数的积，即是把一个数一次平均分"的过程，学生清晰把握了"连除性质"的本质。而正是在这样一个学习过程中，学生沟通了知识间的联系，建构起了完整的"知识链"，使其原有知识结构中模模糊糊的经验发展成为"科学的结论"。

（二）规律理解的过程也是学生数学思维提升的过程

突出数学学习过程的思考性，让学生在学习过程中思维始终处于活跃的状态，这是一节成功数学课的重要标准。本节课，从规律的发现到规律本质意义的理解，再到规律意义的完善，三个层次始终具有较高的思维含量。

第一层次：当学生结合问题情境，知道了 $120 \div 4 \div 6$ 与 $120 \div (4 \times 6)$ 是因为解决了同一个问题，并且结果相等，所以两个算式相等时，教师要求学生进一步思考："这到底与我们以前学过的知识有怎样的联系？"这就促使学生的思维从关注当前学习材料进入到数学系统中去思考，寻找新知建构的固着点。这是学生从具体思维上升到抽象思维的过渡，也是引导学生进行数学思考的基础。

第二层次：当教师质疑 $1000 \div 6 \div 4$ 与 $1000 \div (6 \times 4)$ 是否相等，引导学

生进一步思考"除法性质"的普适性时，学生的思维再次产生了冲突。当学生确认这两个算式也相等时，学生已经跳出了用计算来证明的水平，其数学思考的水平比第一层次已经有所提高。而这才真正达到了上位的思考。

第三层次：在练习应用中，有学生把 4000÷25÷8 的计算过程改成了 4000÷8÷25 的顺序来计算，教师再次质疑：为什么可以这样算？很多学生能以除法"平均分"来解释算理，这也正反映了本节课教师引导学生从除法"平均分"意义来理解"连除性质"的过程为学生所内化，学生的思维已经从被动走向了自觉。而这样的学习过程才是我们所真正期望的。

3 拉长过程，突显问题解决的经验形成

——人教版《用面积知识解决问题》一课教学新探

课前思考："问题解决" 仅仅是已学知识技能的练习巩固与简单应用吗?

《用面积知识解决问题》一课是人教版课标实验教材三年级下册第五单元例 8 的内容。在学习这个内容前，学生已经结合教材例 1—例 7 内容（如下图）的学习，理解了"面积"，知道了一些常用"面积单位"，学会了长方形、正方形的面积计算方法，以及有了面积单位间的进率的学习作基础。那么，现在我们要问：作为本单元的最后一节内容，例 8 的学习，仅仅是前面所学知识技能的练习巩固与简单应用吗?

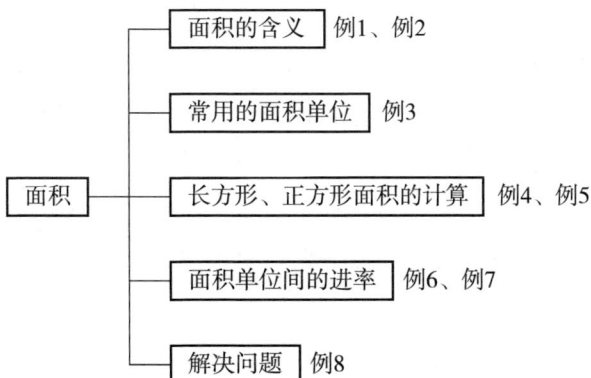

从教材内容编排分析，教材例题为：一个长 6 米、宽 3 米的客厅地面，用边长 3 分米的正方形地砖铺，需要多少块?

由于例题中两个图形提供的长度单位不同，所以在解决此问题过程中，除了解题思路用到"长方形、正方形的面积计算"方面的知识之外，还需要用到"单位间化聚"的知识。学习意图很明显，即结合"大图形中包含几个小图形"的问题解决过程，巩固长方形、正方形面积计算及面积单位化聚的知识。而且这样的意图，在教材"分析与解答"及"回顾与反思"环节中，同样可以明确看到。只是从"大图形中包含几个小图形"问题的学习价值上思考，作为一类讨论图形面积之间关系的问题，是一种比较典型的"与面积相关的问题"，将会在后续知识的学习中多次出现。

比如：（1）把一块长 2 米、宽 1 米的铁皮，剪成两条直角边均为 0.5 米的三角形铁片，可以剪多少块？（"铁皮"换成"布匹"，"三角形铁片"换成"三角巾"也可。）

（2）明明家的客厅要铺地砖（如右图）。如果用边长为整分米的正方形地砖铺满客厅（使用的地砖都是整块），可以选择边长是几分米的地砖？

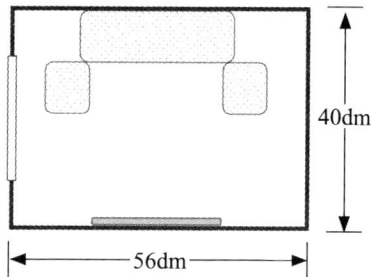

（3）在一个长 20 米、宽 15 米的果园里种果树。每棵果树的占地是一个面积为 4 平方米的正方形。这个果园里最多可以种果树多少棵？

……

类似于这样的问题，都可以看成是以例 8 的问题为基本模型的。因此，本节内容的学习，目标仅仅定位于运用所学知识（如面积计算方法，长度单位、面积单位的化聚等）解决问题，显然是不够的。如能引导学生回归"面积意义"的本源，结合面积意义的深入理解，拉长解决问题策略探索的体验过程，积累相应的问题解决的活动经验，是否能更好地实现本例题的学习价值呢？

我们认为，如此类"计算大图形中包含有几个小图形"的问题，涉及的知识虽然与面积知识相关，但解决此类问题的思路却不止"分别计算出大图形面积和小图形面积，再用'大图形面积 ÷ 小图形面积'求得块数"这一条。况且因为这条路径只能解决如例 8"大图形里包含整数个小图形"的特殊情况，而无法直接解决"商是非整数"的情况，显然不具有普适性。

事实上，解决此类问题还有一种更具普适性的方法，即结合面积探究中的动手操作——"摆（或画）小方块"的活动经验，直观找到相应的"块数"。这条路径可以解决此类问题中的任意情况。而且这条路径，因为从图形中的"长度要素"切入，对后续如上面提到的"剪三角形铁片""客厅地砖边长""果树棵数"等应用问题的解决有相应的借鉴作用。

基于以上分析，我们将此课的教学目标确定如下：

（1）结合"大图形中包含几个小图形"的问题解决过程，感知此类问题的结构特点，并能根据问题的特点采用"摆（或画）"的方法或利用"面积"之间关系的方法解决此类问题，提高学生合理选择方法解决问题的能力。

（2）结合"大图形中包含几个小图形"的问题解决过程，进一步巩固长方形、正方形的面积计算方法，熟练掌握面积单位化聚的技能，提高学生的运算能力。

教学实践：设计从"一般"到"特殊"的学习路径，引导学生经历问题解决的全过程

经过解读，我们发现，教材本身提供的例题，因为解决的是一个特殊问题（即大图形中正好包含整数个小图形），学生对"大图形面积÷小图形面积＝包含的块数"的方法比较容易理解，而对"沿着长铺的块数×沿着宽铺的块数＝总块数"的方法则比较难以认可或接受。学习后，往往会形成"求大图形里包含几个小图形的问题，只要用大图形面积÷小图形面积"的思维定势，不利于学生对于一般方法的理解与掌握。因此，我们将整节课的学习路径进行了重新设计，从"一般"情况切入，有意识地放大了引导学生经历问题解决的全过程，为学生获得更为丰富的解决此类问题的活动经验提供帮助。整节课主要通过五个层次的活动展开教学。

活动一：结合提出问题，体会信息间的关系。

情境信息（如下图）：卡纸的长是 8 厘米，宽是 5 厘米。一张正方形数字卡片的边长是 2 厘米。

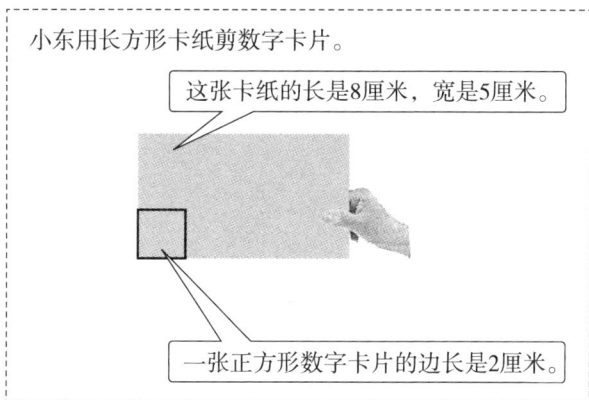

小东用长方形卡纸剪数字卡片。

这张卡纸的长是8厘米，宽是5厘米。

一张正方形数字卡片的边长是2厘米。

师：看了这些信息后，你能提出数学问题吗？

教学中，学生提出了以下问题：

（1）这张长方形卡纸的面积是多少？（板书）

（2）一张长方形纸的周长是多少？

（3）正方纸数字卡片的周长和面积是多少？（板书求"面积"这个问题）

（4）一共可以剪几张数字卡片？（板书）

提出这些问题后，请学生说一说是根据哪些信息提出来的。目的在于引导学生关注信息之间的关系，深度解读信息，既让学生经历发现问题和提出问题的过程，同时又是经历"阅读与理解"的过程，一举两得。

活动二：经历解题方法的理解过程，体会不同解题思路的意义。

请学生围绕问题"一共可以剪几张数字卡片"，尝试解答。完成后，组织交流。重点讨论两种典型材料。

材料一：8×5=40（平方厘米），2×2=4（平方厘米），40÷4=10（张）。

材料二：用画图法解决（如右图），得到结果是8张。

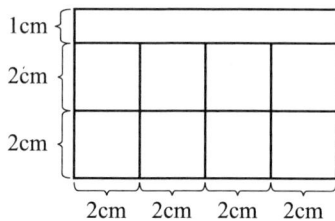

先交流两种方法的思考过程，再重点组织讨论：哪种方法是对的？为什么？

材料一的思考过程是：8×5，先算出长方形卡纸的面积，再算出一张数字卡片的面积。长方形面积 ÷ 数字卡片的面积，可以算出剪几张。这种思路是：大图形面积 ÷ 小图形面积。

材料二的思考过程则是：从长看，沿长剪可以剪 4 张，沿宽剪可以剪 2 张，4×2=8（张）。这是用"行的张数 × 列的张数"算出总共剪的张数。

本活动重点在于引导学生呈现不同的解题思路，经历思维从不完善走向完善的过程。主要策略是数形结合，展示思维过程，让更多的学生体会到，类似于这样的问题，通过画图可以比较清楚地表达思考过程，也能够比较准确地找到问题解决的关节点。

活动三：再次经历问题解决，进一步丰富感性经验。

情境材料：小北用的长方形卡纸长是 12 厘米，宽是 9 厘米；要剪的正方形数字卡片边长是 3 厘米。一共可以剪几张？

学生自主解决后反馈分享。重点比较以下两种方法的异同。

方法一：12÷3=4（张），9÷3=3（张），4×3=12（张）。

方法二：12×9=108（平方厘米），3×3=9（平方厘米），108÷9=12（张）。

发现这一问题无论是用"行的张数 × 列的张数"的方法，还是用"大图形面积 ÷ 小图形面积"的方法，结果都是一样的。

组织讨论，解析原因：沿长剪边长是 3 厘米的正方形，正好；沿宽剪，也正好。随之，教师借助多媒体展示剪的过程，并引导小结：像解决这类大图形面积里面有几个小图形面积的问题，我们可以用行的数量与列的数量相乘解决，特殊情况下还可以用大图形面积除以小图形面积解决。

本环节解决的问题看似与前面的问题类似，其实不然。这个问题是用两条思路都能顺利解决的，目的是让学生体会，这样的问题因为有一定的特殊性，所以用"大图形面积 ÷ 小图形面积"也是可以的，经历从"一般"到"特殊"的过程。

活动四：解决生活问题，体会数学与生活的联系。

师：像这样的问题，生活中其实有很多。比如教室里面铺的地砖，也会碰到这样的问题。随之呈现教材例题，请学生独立完成解答。

此处教材例题作为巩固练习，一是为了帮助学生进一步强化此类问题的解决过程，丰富经验；二是因为这个问题的重点已经不在解题思路上，而是在单位的化聚和面积计算方法的熟练上，因此特别注意了对单位化聚部分的关注和面积计算方法的关注，强调对基础知识和基本技能的掌握。

活动五：变换情境，拓宽思路，发展思维能力。

呈现问题"我要挑战"：小西用一张长 8 厘米、宽 5 厘米的卡纸，剪成长 3 厘米、宽 2 厘米的数字卡片。最多可以剪几张？可以怎样剪？

此题作为本节课的最后一个问题，既有材料的变化，更有思维的挑战。因为剪法不同，数量也会不同，强化了操作与思考间的联系。

课后反思：拉长过程，突显问题解决中的经验形成，同样是解决问题的重要教学目标

经过本课的教学，我们在问题解决内容的教学处理上，对以下两个方面的体验还是比较深刻的。

一是多层次经历问题解决的全过程，充分感知了"信息解读—问题解答—回顾反思"这一问题解决过程中的各个要点。

"问题解决"的核心价值，在于引导学生经历过程，积累问题解决的活动经验。特别是对"表征问题"和"表征分析"需要有充分的感知和体验。本课正是通过四个问题的解决，围绕"问题提出""信息分析""典型问题的解答"与"变式拓展练习"等环节，充分展开探讨、体验，有层次地引导学生感受问题解决各环节的操作要点。比如"信息解读"，从第一个问题开始，特别采用"根据信息提出问题"的操作方法，改变以往直接提问"有哪些信息"的状况，让学生的信息解读更有目的性和自我需求性，体会问题的真实性和生成性。再如"解决问题"环节，由于采用"尝试—分享"的方式，学生个性化的解题方法得以呈现，活动中又重点落实互动交流，使学生的思维在碰撞中得到发展。

二是经历"一般"方法到"特殊"方法的发现过程，引导学生体会不同结构的问题在解决方法上的差异性。

很多时候，我们是从"特殊"到"一般"来组织学生学习的。本节课采用了从"一般"到"特殊"的活动设计，更加符合问题解决的本质内涵。问题解决中的"问题"应更多的是真实的问题。而真实的问题，又大都属于结构不良的问题。传统的应用题教学中，因为很少出现结构不良的数学问题而

常被人诟病。新课程理念下的问题解决，倡导采用真实问题，提供结构不良的问题，其目的就在于引导学生经历符合"问题解决"特征的学习活动，真正提高问题解决的能力。从本课的材料也可以看出，第一个问题与第二个问题相比，在结构上就复杂了些。所以在解决时，直接用"大图形面积 ÷ 小图形面积"是解决不了的，需要研究大图形的长、宽与小图形边长的关系，才能更准确地把握信息要素，顺利解决问题。于是，画图，以"数形结合"的方式理解信息之间的关系，准确找到解题突破口，顺利解决问题。从解题方法来说，这种方法具有一般性，因为所有类似的问题，都可以用这种方法解决。而出现了类似第二个问题的情况，除了用一般方法解决之外，还可以直接用"大图形面积 ÷ 小图形面积"的方法加以解决。因为在这个问题中，要素具有特殊性，不影响采用这种方法来解决这个问题的过程。

基于此，我们会有更深的体会：新课程理念下的问题解决，其最大的价值不在于解决某个具体的问题，而是从解决某个具体的问题过程中，经历问题解决的全过程，形成"表征问题"和"表征分析"的基本活动经验。

三重认知，助力"数概念"立体建构

——人教版《小数的意义》一课的教与思

"数概念"的建构，不只是线性延展的过程，更是一个内涵逐渐丰富、认知逐步立体的过程，一般需要经历现实感知、经验理解（这些我们可以理解为"前概念阶段"），逐步达到数理理解、体系建构的多重认知过程。"小数"的认识同样如此。

一、在学习《小数的意义》之前，学生对小数有怎样的认识？

基于人教版小学数学教材的编排，我们知道，在第二学段（四年级下册）开始系统学习小数的相关知识之前，学生已经在第一学段（三年级下册）对小数有过初步的认识。从教材编排来看，三年级下册的《小数的初步认识》一课虽然安排在三年级上册《分数的初步认识》之后，但引导学生"结合具体情境解释情境中某个具体小数的含义"，借助学生丰富的生活经验（如"人民币单位""长度单位"间的进率），初步感知"小数"与"分数"之间的联系，是这节课的重点教学内容与具体策略。而四年级下册中，教材有意识把关注"一位小数、两位小数以及三位小数与十分之几、百分之几、千分之几之间的对应关系"，作为引导学生理解"一位小数表示十分之几、两位小数表示百分之几、三位小数表示千分之几"这一本质内涵的重要过程，充分体现了教材编写者利用数学知识内在的逻辑结构，帮助学生理解小数是十进制表示数量的需要，"是十进分数的另一种表示形式"的意义。

显然，通过三年级下册教材《小数的初步认识》的学习，学生已经有了借助具体情境初步感知"小数与分数之间的关系"的认识经验。作为系统学习小数知识的起始课，四年级下册《小数的意义》一课的教学，则需要注重小数的数学层面上的理解，引导学生从"情境认知"上升到"数理认识"的水平。

二、如何引导学生在"数理"层面上理解与掌握"小数的意义"？

从三年级下册基于情境的解读小数的意思，对小数有初步认识，到四年级下册从"数理"层面上理解与掌握"小数的意义"，我们该通过怎样的学习路径来实现呢？实践中，笔者借助两条路径、三重认知的活动过程，帮助学生完成"小数概念"的建构过程。

（一）两条路径

路径一：经历度量单位的产生，体会"小数"是数学表达背景下产生的"量"的记录方式，即以感受"度量"记录为重点的认识线索，引导学生体会 0.1、0.01、0.001……这样的"计数单位"，是在十进制数计量的过程中产生的。这是小数概念认识的目标路径。

路径二：经历具体"数"的直观表达过程，体会"小数"与"分数"间的内在联系，即以观察、操作为主要的手段，引导学生在方格图与数线等图形上，经历"平均分成 10 份、100 份、1000 份"的过程中，感受"计数单位越小，表示的越精确"的过程，积累数学活动经验。这是小数意义理解的策略路径。

（二）三重认知

对于小数的意义而言，所谓的三重认知，即为"情境感知""图式理解"和"系统建构"。在教学实践中，笔者设计了相应的学习活动，帮助学生经历三重认知的过程，实现"小数概念"的立体建构。

活动一：凭经验解释"0.3 的含义"，初步经历从"情境"到"数理"的理解过程。

导入：以教师的身高为话题切入，引出小数 1.76 米（比 1 米多，比 2 米少）。请学生再举一些例子，体会小数是当整数不能够表示时，所产生的新的数。

活动任务：用画图或写文字的方式，表示 0.3 的意思。

学生自主活动后，展示交流。交流时，把握三个层次：

层次一：选择用具体量来描述 0.3 的含义的材料。

如：3 角 =0.3 元。

这一层次的理解，是以三年级"小数的初步认识"为基础的，学生也是有此经验的。实际教学中，还有学生结合长度单位来解释，如：0.3 米就是 3 分米，也就是 10 份中的 3 份。

层次二：选择大约表示了 $\frac{3}{10}$ 的材料。

这一层次的理解，表示学生知道 0.3 比 0 要大，比 1 要小，但没有想到与分数联系起来进行思考。这也是学生的一种直觉理解水平。

层次三：选择能够用图形表示出 $\frac{3}{10}$ 的材料（如下两图）。

10份里的3份

这一层次的理解，表示学生对 0.3 就是"将'1'平均分成 10 份，表示其中的 3 份"的意义有了较为深入的认识，同时也表明在学生的思维结构中，已经初步建立起了相应的图式，形成了相应小数（这里指 0.3）的直观表象。显然，这样的认识过程，为学生最后将小数与十进分数间建立起数学意义上的联系，提供了足够的支持。

活动二：基于图形解读"0.06 的含义"，结合"小数"与"分数"关系理解的过程，深刻理解小数的意义。

活动任务：在括号里填上适当的分数。

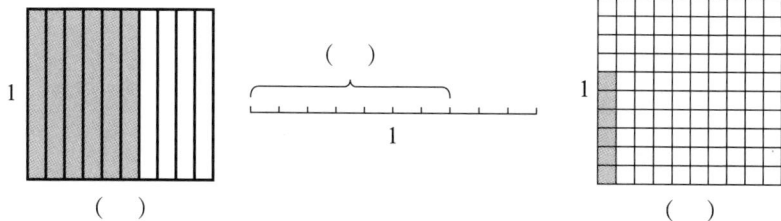

学生自主完成后反馈结果，重点比较左图和右图的异同：阴影部分同样是 6 格，为什么一个是 0.6，一个却是 0.06？引出关于"计数单位"的讨论，启发联结性思考：0.06 其实就是分数 $\frac{6}{100}$。

在此活动中，将两位小数的引出置于学生的自主尝试中，问题产生与矛盾冲突点的形成均显得比较自然。讨论过程中，引导学生聚焦关键点"0.6 就是 6 个 $\frac{1}{10}$，即 $\frac{6}{10}$；0.06 就是 6 个 $\frac{1}{100}$，即 $\frac{6}{100}$"后，及时根据练习材料进行比较，体会"同样大小的一个单位，当其平均分成的份数越多，其每一份就小"的数形间的内在联系。

在此基础上，对一位小数和两位小数稍作梳理后，再次引导学生思考：如果将平均分成的 100 份中的 1 份继续平均分成 10 份，那么这样的 1 份如果用小数来表示会是几呢？ 6 份呢？从而引导学生进一步体会：0.006 就是 6 个 $\frac{1}{1000}$，也就是 $\frac{6}{1000}$。

活动三：利用数线，将小数置于数系中感知理解，建构概念。

活动任务：写一个小数，然后在数线上表示出来，同桌互相交换完成。

学生自主完成后反馈交流。交流分为三个层次：

层次一：反馈一位小数的材料。如下面的两种情况：

以上小数，均能直接在数线上找到相应的位置。学生在解释时，也比较容易说明。比如0.9，即在0到1之间数出9格，找到第9个点，即0.9；2.3则在2至3之间数出3格，找到第3个点，就是2.3。

层次二：反馈两位小数的材料。如以下情况：

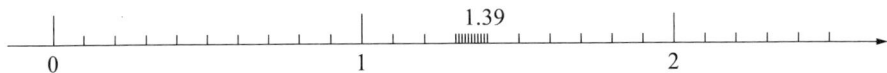

以上小数，不能在数线上直接找到，需要根据小数部分第二位上的数，将数线上1.3和1.4之间的线段再平均分成10份，才能找到1.39的相应位置。图中也确实能够看到学生将这一段作了平均分。

层次三：反馈三位小数的材料。如以下情况：

以上小数，同样不能在数线上直接找到，而且比较难以在数线上进行操作后表示，需要学生借助想象，理解将数线上0至0.1这一线段平均分成100份后，找到更小的计数单位。

这样的活动，利用数线，扩展到数系的背景下帮助学生内化理解小数与十进分数间的关系，有利于帮助学生在数系中深刻理解小数的意义。

三、教后再思：三重认知的教学意义与价值

从情境到数理，不是一蹴而就的过程，而是一个逐步推进、不断深入的经验获取、思维发展的过程，每种认知水平对学生理解、掌握小数的意义起着重要的作用，为后续学习理解数概念积累起丰富的数学活动经验。

（一）情境感知：基于"量"的实际理解，唤起学生的已有的认知经验

对于四年级学生来说，关于小数的认识并不是一张白纸，而是有一定的经验的。学生三年级时已经初步认识了小数，且已经具备了结合具体情境解

释特定"量"中的小数的意思。如 0.2 元，意思就是 2 角；0.02 元，意思就是 2 分。这种理解最开始的认识过程是这样的：学生在生活中已经相当多地接触到商品的标价牌，可以从这些标价牌上知道，小数点右边的第一位上的数，表示角的数量；小数点第二位上的数，表示分的数量。

学习《小数的初步认识》之后，学生的认识水平已经从生活经验逐渐向数学理解迈出了一步，学生能够结合分数去理解 0.2 元和 0.02 元了，即 0.2 元的意思还表示把 1 元平均分成 10 份，0.2 元表示其中的 2 份。但这个时候，学生对 0.2 这个小数的认识，基础仍然是"1 元 =10 角"这种量之间的关系，更多地处于"情境感知"的认识阶段。

（二）图式理解：基于"形"的直观联结，理解"小数"与"分数"间的关系

立体建构数概念的基本内涵是指学生在认识的"数"的过程中，不仅仅知道这个"数"的基本意思，还能够与一些图或形建立联结，在思维的多重维度建立起数的概念。比如，我们在引导学生认识整数 100 时，除了用"百羊图""10 捆小棒"等实物图形来帮助学生建构 100 的表象之外，还借助"百格图"或者"百点图"来帮助学生建构起 100 的图式。显然，借助这些抽象的形象表征相应的"数"概念的方式，同样适用于"小数"的认识。

教学中，引导学生结合正方形，经历"将 1 个正方形平均分成 10 份、100 份，甚至 1000 份"的过程，去建构 0.6、0.06、0.006 等相关小数的图式，丰富学生的认知表象，建构数概念。

（三）系统建构：基于"线"的系统建构，帮助学生体会数系扩展的意义与价值

数概念不应该是孤立起来认识与理解的。学生对数概念认识的最高层，应该是在数系中结合数的产生过程理解数的意义，小数的认识同样如此。要想让学生在数系中认识小数，用"数线"（数轴）来引导学生经历与体验，是一种有效的方法，也比较符合小学生的认知特点。原因有三：一是"数

线"是一种相对比较直观的数学表达方式；二是"数线"可以反映出数的大小，能够引导学生在理解数概念的同时，直观感受到"数是有大小的"这层意思；三是利用"数线"表达"无限分"的过程时，相对于从线到面再到体来帮助学生立体建构数的表象，更容易引导学生体会十进制数的位值意义，从数系层面理解小数的意义。

5 运算法则需要"立体"建构

——关于《分数乘分数》的教学调查及实践思考

《分数乘分数》课前，针对下面各题作了一次调查：

$$(1)\ \frac{1}{5} \times \frac{1}{4} \qquad (2)\ \frac{1}{5} \times \frac{3}{4} \qquad (3)\ \frac{2}{3} \times \frac{4}{5}$$

计算结果情况见下表：

班 级	被测人数	结果正确	
		人 数	占百分比
601 班	48	24	50%
605 班	52	28	53.8%
合计	100	52	52%

从调查结果可以看出，两个班分别有 50% 和 53.8% 的学生"会"计算"分数乘分数"式题。那么是否可以这样说，关于"分数乘分数"的计算，班中有一半学生是不用"教"的？我们又对学生在计算以上式题中所采用的计算方法进行了分类统计：

班 级	结果正确总人数	分子、分母分别乘		化成小数计算		结果正确、方法错误	
		人 数	占百分比	人 数	占百分比	人 数	占百分比
601 班	24	14	58.3%	6	25%	4	16.7%
605 班	28	19	67.9%	6	21.4%	3	10.7%
合计	52	33	63.5%	12	23.1%	7	13.5%

从表中可以看出，能够用"分子乘分子，分母乘分母"来计算的人数占结果正确人数的 63.5%，还有 13.5% 的学生虽然计算结果正确，但计算方法却是错误的。又通过对两个班中用"分子乘分子，分母乘分母"的方法计算的学生进行访谈了解到，没有一位学生能够清楚地解释算理。学生只是告知是父母所教或者奥数班上老师所教。此时，我们不得不思考：关于"分数乘分数"的计算，这一半学生是真的会了吗？他们会的是什么呢？

一、从"形式模仿"到"意义理解"究竟有多远？

从以上调查可知，对于"分数乘分数"的运算，学生"会"的只是形式模仿，根本还没有达到意义理解的层次。

我们知道，"分数乘分数"的算法属于技能知识。技能的习得是可以通过形式模仿完成的。而形式模仿的基本原理是识记，且更多是机械识记，即通过观察获得信息重复刺激，然后将信息储存于记忆库中，必要时可以作"依样画葫芦式"的提取。事实上，在计算"分数乘分数"时，学生确实只需要记住"分子乘分子的积作分子，分母乘分母的积作分母"，就能计算"分数乘分数"的式题了，这是形式模仿所能达到的效果。

然而我们作深入一步思考，这是不是小学数学技能教学的终极目标呢？"分数乘分数"计算法则教学是不是仅仅让学生会算一些式题就够了呢？我想回答当然是否定的。新课程理念下小学数学教学的核心理念应该是借助数学知识（当然包括技能知识）的学习，引导学生经历数学知识的产生与完善的过程，培养学生的数学思考能力和解决问题的能力，最终形成一定的数学素养。如果学生只是机械模仿计算法则，对"分数乘分数"之类的计算法则只知其然，而不知其所以然，则会大大降低法则教学的价值。事实上，从数学知识的产生和发展过程来看，运算法则的形成归纳都是有相应的运算意义作支撑的，运算法则与运算意义间有着密切的联系。

"分数乘分数"是分数运算教学中的一个重要内容，其基本算法是"分子乘分子，分母乘分母"。作为计算法则中的一个典型内容，对于形式上的模仿学生还是比较容易掌握的，且有学生不教已会。然而对算法形成过程的探究却并不容易，其中蕴含着丰富的技能探究点和思维生长点，这是需要教师作适当引导和适度启发的。从形式模仿到意义理解的过程，不仅有认识层次的差异，更有着学习目标定位和相关能力运用的区别。

二、"分数乘分数"算法探究的价值在哪里？

算法，即计算所依据的程序、规则。算法是基于运算意义存在的。探究算法的过程，其实是理解算理的过程，是厘清计算过程中相应程序背后所依据的数学运算意义的过程。因此，"分数乘分数"的算法虽然可以简单地表述为"分子乘分子，分母乘分母"，学生识记和应用起来也相对比较容易，但追究为什么可以这样算，"分母乘分母作分母，分子乘分子作分子"这一运算程序蕴含着怎样的意义，却是课程目标的一个重要组成部分，是教师在教学《分数乘分数》这节课时必须面对的内容。

现在，我们来具体分析"分数乘分数"算法探究中所体现的教学价值。

探究一般需具备三个基本要素：需要研究的问题；学习者自主思考的空间及解决问题的过程；伴随问题解决的过程，学习者有知识的获取及情感的体验。学习"分数乘分数"时，"如何算"是一个基本问题。当我们思考"为什么可以这样算"时，便会直面"分母乘分母表示什么意思""分子乘分子又表示什么意思"这两个算法探究及算理理解的本质问题。

我们来看一个具体例子。

计算 $\frac{2}{5} \times \frac{3}{4}$ 时，分子乘分子等于 6，分母乘分母等于 20，所以计算结果是 $\frac{6}{20}$。

如果单纯从计算结果来看，学生知道了这样的算法，教师再辅之以一定量的练习，学生同样会熟练地进行相关运算。但这种机械的、接受式的、不追究程序背后所蕴含的运算意义的过程，只是一种简单的模仿与记忆，数学思考的价值不大。而当我们引导学生去思考"为什么可以这样算？ $\frac{6}{20}$ 这个结果是否正确？"这两个问题时，其教学的价值则显得完全不同了。

计算 $\frac{2}{5} \times \frac{3}{4}$ 时，其运算过程中包含着这样的意思：第一个因数 $\frac{2}{5}$，可以理解为把单位"1"平均分成 5 份，表示其中 2 份的数。而 $\frac{2}{5}$ 的 $\frac{3}{4}$，又可以理解为把 $\frac{2}{5}$ 看作单位"1"，再次平均分成 4 份，取其中的 3 份的数。此时，即把原来单位"1"的量平均分成了 20 份，取其中的 6 份。所以结果应该是 $\frac{6}{20}$。用数形结合的方式可以这样解读：

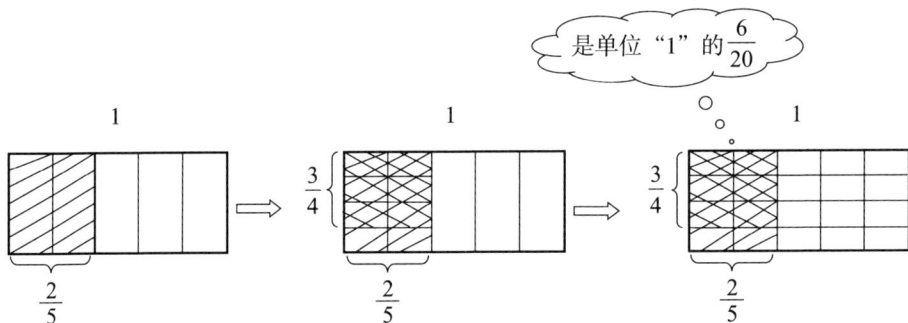

由此，我们不难看出，在计算"分数乘分数"的过程中，学生说理时有"分数意义"的理解作支撑。这是促使学生形成系统知识的必要过程。同时，当学生分析时，借助数形结合来说明的过程，有助于帮助学生建构起"立体"的数学。因此，在"分数乘分数"的算法教学中，引导学生探究算法背后所蕴含的运算意义和数学思想，已经不仅仅是简单地指向于掌握计算法则，更多是激起学生的主动思考，在帮助学生找到理解"分数乘分数"算法支点的同时，促其形成系统、整体的知识结构。这一过程，虽然只是一个探究思考"分数乘分数"运算法则的过程，但需要学生借助一些分析问题、解决问题的方法策略。显然，这样的教学活动，不仅承载了知识技能的教学，更承载着思维能力培养的目标。

三、学生自主探究"分数乘分数"算法可行吗？

当然，以上算理的理解过程，对于学生而言，还是有相当难度的，这也是需要教师教的内容。通过实践，我们发现，引导学生借助情境解读和采用数形结合去分析，是探究"分数乘分数"算法的基本策略。

我们来看人教版教材上的这节内容。教材提供了"粉刷墙壁"的情境后，算式既可以由"求一个数的几倍"引出，也可以由"工作效率 × 工作时间 = 工作总量"这一数量关系引出，还可以结合图式及"分数意义"的进一步理解来引出。也就是不仅仅像传统教材那样，把图式作为理解算理的工具，而是提前到理解题中分数意义的环节中。

实践中，借助情境与图式进行分析，直观形象，自然降低了学生对运算意义、计算方法以及算理的理解难度。我们来看例题，计算 $\frac{1}{5} \times \frac{1}{4}$ 时，$\frac{1}{5}$ 表示的意义是把整面墙看作单位"1"，平均分成 5 份，其中的 1 份就是这面墙的 $\frac{1}{5}$；接着把整面墙的 $\frac{1}{5}$ 平均分成 4 份，其中的 1 份就是 $\frac{1}{5}$ 的 $\frac{1}{4}$，也就是这面墙的 $\frac{1}{20}$。这样的思路用图式表示则更为直观。

方法一：线段图分析。

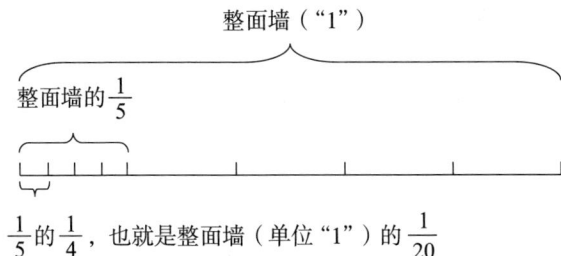

$\frac{1}{5}$ 的 $\frac{1}{4}$，也就是整面墙（单位"1"）的 $\frac{1}{20}$

方法二：方格图分析（如右图）。

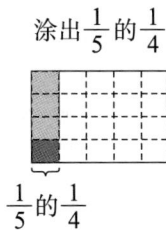

涂出 $\frac{1}{5}$ 的 $\frac{1}{4}$

$\frac{1}{5}$ 的 $\frac{1}{4}$

课堂上，当放手让学生自主探究时，虽然一部分学生会有困难，一部分学生在表述或画图时不够清晰，但终究还是有部分学生能够想到这样的一些方法。显然，学生对具体情境中某个分数的意义，结合情境或图式来进行分析，还是可行的。因为六年级学生已经具备了画图分析的学习能力。

四、教师如何引导学生实现自主探究"分数乘分数"算法的过程？

综上所述，"分数乘分数"的算法是可以组织学生进行自主探究的。当然，在实践中，其探究过程可以通过以下三个层次的活动来组织。

层次一：利用对具体情境中分数意义的解读，唤起学生对分数意义的认知经验。

师：信息中的分数分别表示什么意思？

（1）"我每小时粉刷这面墙的 $\frac{1}{5}$"。把要粉刷的整面墙看作单位"1"，平均分成 5 份，其中 1 份就是这面墙的 $\frac{1}{5}$。

（2）"蜂鸟每分钟可飞行 $\frac{3}{10}$ 千米"。把 1 千米看作单位"1"，平均分成 10 份，其中的 3 份就是 $\frac{3}{10}$ 千米。

层次二：引导学生探究算式的意义，沟通"运算意义"与"运算程序"之间的联系。

在第一个信息后呈现两个问题，学生独立完成。

（1）3 小时可以粉刷这面墙的几分之几？

（2）$\frac{1}{4}$ 小时又可以粉刷这面墙的几分之几？

学生列式后，引导解读第一题的算式：$\frac{1}{5} \times 3$。课中呈现了三种思路：一是根据数量关系式"工作效率 × 工作时间 = 工作总量"得出；二是可以理解为求 $\frac{1}{5}$ 的 3 倍；三是结合图式理解为 3 个 $\frac{1}{5}$ 相加（如下图）。

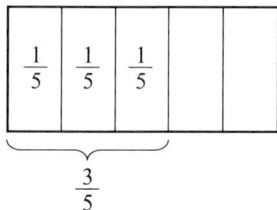

第二个问题，大部分学生列出了算式：$\frac{1}{5} \times \frac{1}{4}$。解读时，学生呈现了两

条思路：一是同样根据数量关系式"工作效率 × 工作时间 = 工作总量"得出；二是求 $\frac{1}{5}$ 的 $\frac{1}{4}$ 是多少。教学中，请学生重点解释第二种思路。有学生结合图形进行了解释：

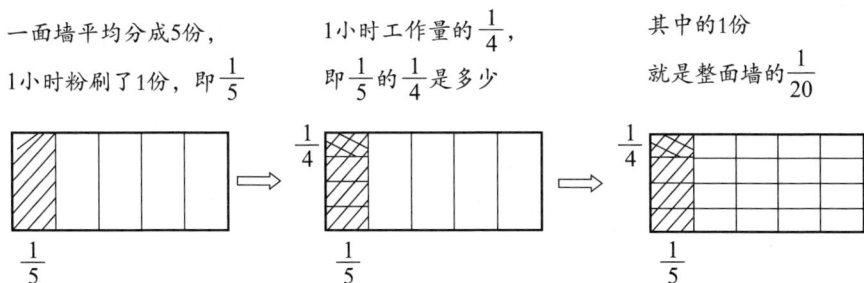

一面墙平均分成5份，
1小时粉刷了1份，即 $\frac{1}{5}$

1小时工作量的 $\frac{1}{4}$，
即 $\frac{1}{5}$ 的 $\frac{1}{4}$ 是多少

其中的1份
就是整面墙的 $\frac{1}{20}$

层次三：组织学生进行算法梳理，探究算法的本义，凸显算法探究与算理理解之间相互依存的关系。

学生计算结果：$\frac{1}{5} \times 3 = \frac{(1 \times 3)}{5} = \frac{3}{5}$；$\frac{1}{5} \times \frac{1}{4} = \frac{(1 \times 1)}{(5 \times 4)} = \frac{1}{20}$。

思考：为什么可以这样算？思辨计算过程中每一步运算表示的意思，并请学生结合图形说理：$\frac{1}{5} \times \frac{1}{4}$ 中 5×4 表示单位"1"平均分成了 20 份，即图中平均分成的总的份数；1×1 表示的是 $\frac{1}{4}$ 小时粉刷了整面墙的 $\frac{1}{20}$，即图中两种斜线重叠的部分。

据此得出结论：分母乘分母的积作分母，即是把单位"1"平均分成多少份；分子乘分子的积作分子，表示其中几份的数。

五、实践后的再思考

检验学生对《分数乘分数》这节内容的掌握情况，主要看三个方面：一是对"分数乘分数"运算意义的理解；二是会计算分数乘分数的式题；三是能够解决相应的实际问题。

实践后，班中 97.7% 的学生掌握了"分数乘分数"的计算法则，会计算"分数乘分数"的式题。有一半以上的学生在后续"求一个数的几分之几是多少"等知识的学习中表现出了清晰的解题思路。如解答课本练习题（如下图），全班 44 位学生中，41 位学生能够正确列式：$36 \times \frac{1}{3} \times \frac{3}{4}$ 或 $36 \times (\frac{1}{3} \times \frac{3}{4})$，达到全班人数的 93%。在说理时，学生能理解算式 $36 \times \frac{1}{3} \times \frac{3}{4}$ 的意思：$36 \times \frac{1}{3}$ 是以全班人数为单位"1"的，而乘以 $\frac{3}{4}$ 时，则又是以想当老师的人数为单位"1"了；也能理解算式 $36 \times (\frac{1}{3} \times \frac{3}{4})$ 的意思：$\frac{1}{3} \times \frac{3}{4}$ 是算想成为科学家的人数占全班人数的几分之几，即 $\frac{1}{3}$ 的 $\frac{3}{4}$。从第二种解法的解读中，可以看出学生对分数意义的理解更进了一步。

多少名同学想成为科学家？

算法是各种运算所展开的程序，算理则是计算过程中每步程序合理性的依据。两者相互依存。在完成一道运算习题的计算时，算法是显性存在的，是可以模仿的；算理则是存在于算法背后的依据，具有隐蔽性，但有着相当丰富的探究价值。因此，我们的算法教学不能简单地止于算法，而应该充分发挥"算法"和"算理"关系的探究过程，引导学生理解运算的意义，帮助学生建构起"立体"的计算法则，从而培养学生灵活运用法则计算的能力。这便是教师"教"的真正价值。

6 基于概念学习，超越概念认知

——《周长》课前调查及教学实践思考

因执教北师大版教材《周长》一课，故对此内容有了较为深入的思考。《周长》一课，北师大版教材安排在三年级上册。在学习此内容前，学生已经认识了一些基本立体图形，初步了解了平面图形与立体图形之间的联系，知道了长方形、正方形、平行四边形等一些平面图形的基本特征，并已习得了一定的测量线段长度的经验。笔者主要围绕以下三个层面进行分析与思考。

一、"周长"到底是什么？学生已具有怎样的"周长"前概念？

关于"周长"的概念，教材是这样定义的："图形一周的长度，就是图形的周长。"简单的一句话，两个关键词"一周"和"长度"，其实表明了周长的"一纬"特质和"长度"属性。那么，对于学习这个内容前的学生而言，对"周长"又到底具有怎样的前概念呢？笔者对两个班 102 名学生进行了调查。

调查分为两个部分。第一部分，以"你听说过周长吗？"为题，了解学生对"周长"这一数学概念名称的知晓情况。结果答"听说过"的学生有 11 人，占被调查总人数的 10.8%；"没听说过"的学生近九成。又对"听说过"的学生进行访谈后了解到，9 人为爸爸妈妈教过，2 人为看书知道。

调查的第二部分，尝试完成任务（没听说过的，则凭自己的理解去猜一猜）：下面的图形有没有周长？如果有，请你用彩色笔描出它的周长在哪里。

调查结果：

（1）"听说过"的 11 人中，认为 2 号"角"没有周长的 3 人，占"听说过"总人数的 27.3%，其中仅 1 人认为 4 个图形中只有"角"没有周长。完全正确的 1 人，部分正确的也只有 1 人。错误情况包括描了 4 个图形的部分边、描了 4 个图形的角、涂了①号图形的面积等。后又对仅认为"角"没有周长的学生进行访谈，该生能够说明：因为这个图形两条边没有连起来。再问是怎么知道的，告知是爸爸教过的。

（2）"没听说过"的 91 人中，认为②号"角"没有周长的 28 人，占"没听说过"总人数的 30.8%，但仅 2 人认为 4 个图形中只有"角"没有周长，其余 26 人均把"角"和其他某个图形一起看作没有周长。完全正确的 2 人，部分正确的 14 人。主要错误同样是描了 4 个图形的部分边、描了 4 个图形的角、涂了①号图形的面积等，没有描的学生有 33 人。之后也同样对仅认为"角"没有周长的学生进行访谈，两位学生均告知是猜的。

从调查可知，学生对"周长"作为一个数学概念，知晓率并不高。而从学生尝试指出"图形周长"的调查又可知，近 80% 学生对"周长"的认识相当模糊，且有三分之一的学生一点经验都没有。

二、通过《周长》一课的学习，学生对"周长"概念的理解达到怎样的程度才是合理的？

这其实是对本节课教学目标的思考。在本节课学习之前，学生对于作为数学概念的"周长"，虽然知之甚少，有的甚至一点经验也没有，但从学生的尝试描画中，可以看出，基于前期对一些平面图形的认识及长度测量的经验，超过半数以上的学生对直观认识周长应该感到不太难。因此，本节课的教学目标确定如下：

（1）认识图形的周长，理解图形周长的含义，并能够根据确定的周长在点子图上画出相应的图形。

（2）会测量图形的周长，并能够在教师的启发下想到用"化曲为直"的方法，测量一些曲线围成的图形的周长。

实践时，两个目标可以分解成四个学习层次：层次一，知道图形一周的长度，就是这个图形的周长；层次二，能够描出某个图形的周长；层次三，能够测量基本平面图形的周长；层次四，能够根据图形的周长想象出图形。四个层次层层推进，相互支撑。知道周长概念是达成后面学习层次的基础，指出图形周长和测量基本平面图形的周长，既能反映学生对周长意义是否理解的过程性层次，同时又是逐步引导学生深入体验图形周长、理解周长意义的过程。第四个层次则是最高层次的学习目标。因为这不仅是引导学生继续体验图形周长的意义，同时又是学生空间观念培养的重要过程，是几何直观在思维层面上的体现，是一种充分体现数学思考的目标层次。

三、基于周长学习的活动，怎样组织才能既围绕教学核心，又有利于提升学生数学思维？

基本学习材料的选择，当然是需要有利于唤起学生已有认知经验，同时也能帮助学生很好地理解周长意义的材料。而学习活动设计需要留给学生充分的思考空间，突出数学思考的含量，并有相应的思维推进层次。现结合具体的教学过程加以分析。

（一）三个关键活动的设计及实施

活动一：观察描述，感知周长。

（1）情境引出"一周"的概念。

呈现情境图，请学生说说图中（如右图）所讲的事情。

师：她在做什么？

生：量腰围。

师：腰围是什么意思？

生：就是腰部一周的长度。

教师顺势板书：一周的长度。

（2）指出平面图形的"一周"，导出周长。

呈现学生在二年级下已经认识的平面图形——长方形、正方形、平行四边形。

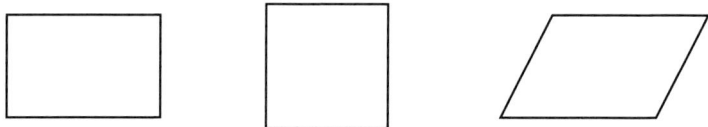

师：这些图形有没有"一周的长度"？有，又在哪里呢？

请学生指出这些图形一周的长度。揭示概念：图形一周的长度，就是它的周长。

活动二：描、量周长，理解意义。

（1）请学生结合概念，指出以上三个平面图形的周长。教师根据学生的说明，用多媒体操作演示图形的周长。

（2）练习：下面的图形有没有周长？如果有，请你用彩色笔描出它的周长。

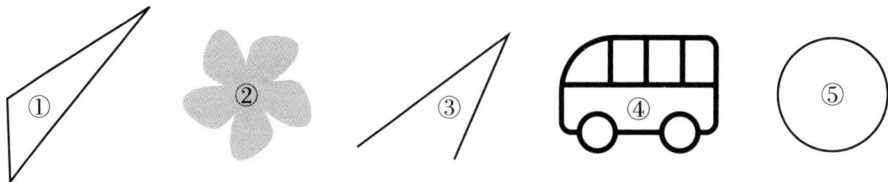

学生先在练习纸上独立完成后，反馈时分解为两个层次：

层次一：确认这些图形有没有周长。为什么？

最后学生都认为③号图形没有周长。理由是"角"不是封闭图形。于是教师完善板书：封闭图形一周的长度，就是这个图形的周长。

层次二：指出其他图形的周长。教学中，学生对④号图形的周长有认识的困难，作重点讨论。

（3）度量图形周长。

师：如果想具体知道①号和⑤号图形的周长，你有什么办法？

学生活动，自主研究。

反馈①号图形，用直尺量出 3 条边的长度加起来即为图形的周长。

反馈⑤号图形，直尺量不行，只能想其他办法量这条线的长度。这是本节课中富有挑战性的学习环节，有利于激起学生的思考。

最终得出结论：周长是可以测量的，有时不是线段，我们可以把它转化成线段来测量。

活动三：逆向研究，发展思维。

师：同学们已经知道什么是图形的周长了。现在老师想请你设计一个周长是 10 厘米的图形，你想怎样设计？

给学生一定的思考时间，请他们在点子图上画出图形。

学生完成后分三个层次反馈：

层次一：反馈画了不封闭图形的情况。

师：这位同学是这样画的，你们同意吗？（强调，不封闭图形是没有周长的。）

层次二：反馈画了长方形或正方形的情况。

确认这个图形的周长是不是 10 厘米，讨论如何确认。（引导学生去数，当然对长方形和正方形特征掌握比较好的，可用它们的特征作说明。）

层次三：反馈画了其他不规则的图形。讨论如何来确认图形的周长。主要说明：这个图形的周长是不是 10 厘米？请学生均通过"数"来确认。"数"的过程中，巩固对周长"一周"的长度的理解。

（二）实践后的思考

1.数学概念的建构，需要经历表象建立和丰富的过程

数学概念的理解与掌握，不仅仅指知道相关的文字描述，它更需要体现在多角度思维把握的过程中。因此，在概念学习的过程中，建立起丰富的表象是数学概念学习必须经历的过程。以上三个层次的周长学习活动正是如此。

感知环节，描述周长。这是一个"知道周长"的过程。从生活概念"一周"导入到图形"一周"的认识，揭示概念，像这样"图形一周的长度"，就是图形的周长。当然，这个过程并不是一步到位的，而是通过对三个已认识的平面图形一周的感知，逐步深刻起来的。第一个图形（长方形）的"一周"，指名学生指出，媒体演示，学生观察印刻于脑海中；第二个图形（正方形）的"一周"，学生先指出，再媒体演示，学生书空描画；第三个图形（平行四边形），先描画，再媒体演示，然后描画。通过三个图形周长的描画，帮助学生初步建立图形周长的直观表象。

描、量环节，理解周长，是本节课中的重点活动，也是学生建立起"周长"表象的关键环节。请学生先判断图形有没有周长，再描出图形周长的过程，是一个学生自主建构"周长"概念的环节。反馈时又分三步，逐步完成。

第一步：明晰这些图形有无周长。课上主要借助图形③号角来进一步认识图形周长的概念。因为几次教学中，总有学生描了这个图形的周长。于是请学生自主辩论，最后得出结论：这个图形没有周长，因为它不是封闭图形，没有一周，所以没有周长，从而完善对周长概念的认识。

第二步：描出复杂图形的周长，即②号花朵图案的周长，或者④号汽车图案的周长的确认，引导学生加深认识图形的周长是围绕在图形外围一周的长度。这同样是一个完善认识的重要步骤。

第三步：测量图形的周长。以①号三角形和⑤号圆为材料，请学生量出这两个图形的周长，引导学生在度量过程中进一步认识到周长的"长度"属性，也即周长是可测量的。实际教学中，学生能够从中感悟到周长的"长度"属性。他们很自然地用尺子量出了三角形三条边的长度。此时引导学生体会，三条边的长度和便是这个三角形的周长，加深对周长意义的理解。而测量圆的周长时，学生碰到了测量技术上的困难，但其追求测量这条曲线长度的意向还是相当明确的，说明学生对圆周长的认识还是清楚的。

2. 组织富有挑战性的学习活动，让学生的思维得以提升

数学学习必须有学生数学思维经历的过程，而激发学生的数学思考，富有挑战性的学习任务设计是重要的因素。本节课中，两个环节的学习任务，

充分体现了数学学习任务的挑战性特点。

（1）测量圆的周长。学生已有的测量长度的经验，只是停留于对线段长度的测量。当碰到如同圆的周长这样的长度测量时，还是碰到了不小的困难。而正因为解决这个问题，没有现成的解决办法时，需要突破常规，创新思路，所以更有挑战性和思考的价值。实践中，也确实有学生想到了解决的办法。

有一位学生想到，将圆周平均分成 16 份，然后用尺子量出其中一份的长度，再乘以 16，就是这个圆的周长。于是，有学生想到了再分下去，我想这已经接近于古时测量圆周长的"割圆术"了。

还有学生想到，用一把软尺绕在圆周上，进行直接测量。这样的想法，也颇有创意，当我们不能把直尺弯过来时，我们可以将尺变软。

当然，实际教学中，也确实有学生想到，先用一根线绕在圆周上，然后将正好绕圆一周的线剪下来，用直尺测量线的长度，也就测量出圆的周长了。这便是典型的"化曲为直"的思想了。

（2）在点子图上画出周长为 10 厘米的图形。此学习任务的目标是使学生进一步理解图形周长的本质内涵。同时，也因为在作业的结果中，有多种表示形式，可以作为提高学生的空间想象能力、发展空间观念的重要素材。

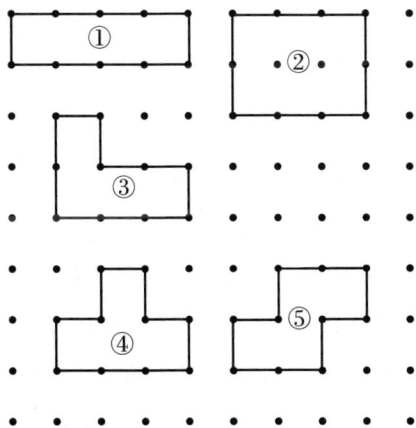

学生的作业也反映了不同的思维水平。水平一，只能画出一个长方形（如图①或图②）；水平二，能画出两个长方形，即图①和图②；水平三，能画出如图③、图④、图⑤这样的不规则图形。

当有学生呈现了如图③这样的图形时，有学生发出了惊叹声，相信是这些有创意的作业给了他一种恍然大悟的感觉。而这样的思维过程，也正是学生有创意地思考解决问题的表现。这样的想象力和思考力，也同样是学生空间观念培养的重要方面。

1 教材无非是个例子

——以《倍的认识》一课为例谈教材作为课程资源的创造性使用

作为课程资源重要内容之一的教材，是学生学习知识内容的重要载体，也是教师设计教学活动、组织教学过程的重要依据。但教材内容并不是不能调整与改变的。事实上，在实际的课堂教学中，调整教材内容，对教材进行创造性处理的情况，还是普遍存在的。笔者曾在《小学数学教师》杂志上探讨过关于"教材"使用的一些想法与建议，提出了两个观点：一是在内容理解上，做好追本溯源，充分理解知识内容的本质内涵，让自己站在更高的位置上把握学生学习过程中的着力点，引导学生更有针对性地学习；二是在使用策略上，作好学情调查，了解学生的学习起点，让自己站在学习者的角度上思考学习路径，恰当处理教材定位与学生发展之间的关系，准确把握学习过程的生长点。核心意思便是强调教材作为一种课程资源，应该服务于学生的学习，而不是灌输给学生知识。教师只要是在充分理解内容的基础上，对教材作出的合理调整，都是可取的，是值得鼓励的。本文就此主题结合人教版课标实验教材三年级上册的《倍的认识》一课的实践再作展开讨论。

一、从教材编写者对《倍的认识》在学习时间点上的调整，认识"教材作为课程资源"的内涵

建构主义教学观认为："学习不是把外部知识直接输入到心理中的过程，而是主体以已有的经验为基础，通过与外部世界的相互作用而主动建构新

的理解、新的心理表征的过程。"①此观点的意思可以这样解读：学习不是单向的过程，而是学习者自身经验与知识内容相互作用的过程。优质的课程资源，不是简单的知识呈现与提供，而是一个切合学习者已有认知经验的、适时恰当的互动过程。

《倍的认识》一课，人教版课标实验教材曾编排在二年级上册，学生学习了"表内乘法——7的乘法口诀"之后。显然，由于在这个时候，学生还没有学习除法的相关知识，所以无法借助除法的意义来理解"倍"的等分含义，借助乘法的意义和已有的生活经验认识"倍"成为了唯一途径。到了 2013 年修订后的教材中，将这节内容调整到三年级上册，在学习时间点上，几乎是推迟了一年。正是这一年的学习，学生不仅在认知能力上有所发展，学习经验也更为丰富，更重要的是在知识储备上学生有了除法的意义的学习，且经历了"表内除法（一）"和"表内除法（二）"两个单元直接对"倍"的认识起到关键作用的内容的学习，显然学生此时学习理解"倍"的结构模型，有了更为丰富的认识基础和更具逻辑支撑的知识基础了。

我们说，当课程资源与学习者经验不相适应时，往往对学习者的学习造成相应的困难。此时，课程资源作出调整也是必然的选择。同样，《倍的认识》一课，仅仅基于乘法意义的经验来理解，还不足以很好地实现目标，理解"倍"的模型时，教材编写者将其调整到除法知识的学习之后，便是一种比较恰当的处理。这也是教材作为一种课程资源的必然选择。

二、调整后的教材关于《倍的认识》一课的编写特点与不足

"倍"产生于量与量之间的比较，其实质是除法中等分意义的扩展。如甲量是乙量的 4 倍，既可以理解为"红气球的个数是蓝气球个数的 4 倍"，也可以理解为"第二行的圆片数是第一行圆片数的 4 倍"，还可以理解为"甲车运的货物重量是乙车运的货物重量的 4 倍""小红做作业用的时间是小明的 4 倍"等。这里的"蓝气球的个数""第一行的圆片数""乙车运货

---

① 张华 . 课程与教学论 [M]. 上海：上海教育出版社，2000：466.

量""小明做作业的时间"等也均是单位"1"量,"4"即是以单位"1"为标准的这样的"4份"。甲量与乙量之间的4倍关系可以用以下图式模型来表示:

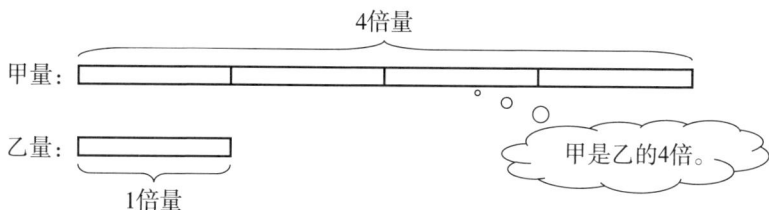

在调整后的人教版教材中,《倍的认识》一课的主体材料如下图所示。与教材相配套的教师教学用书上作了如下解读:通过比较胡萝卜(2根)和红萝卜(6根)的数量,根据3个2根的关系,引出"一个数的几倍"的含义;把红萝卜每2根圈起来,清楚地体现了两种萝卜数量之间的关系。而通过"圈一圈",让学生又能在动手操作中比较白萝卜与胡萝卜数量之间的关系,由旧知识"几个几"转化为新知识"倍"的含义。

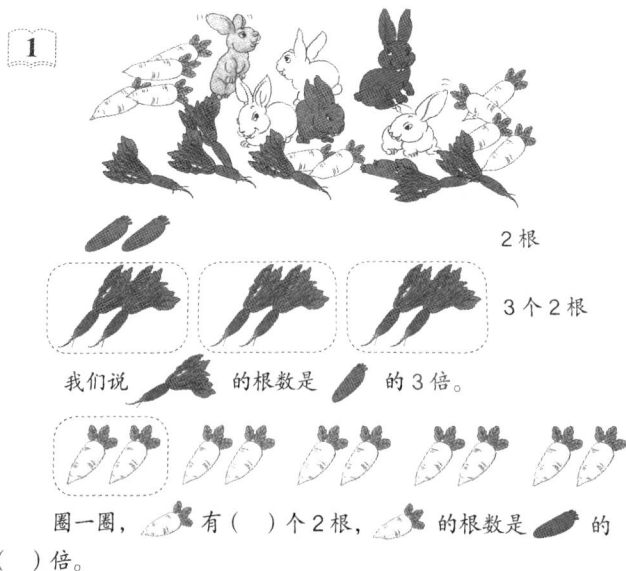

教材设计的意图是,因为对"整数倍"学生是第一次接触,意在引导学生经历"从对生活中具体实物数量的比较中抽象出倍的过程,通过3个2根

及 5 个 2 根的关系，引出'一个数的几倍'的含义，在'几个几'的基础上认识倍，再从除法的角度理解倍的概念，让学生认识到倍的本质是两个数量在相互比较，即一个量里包含了几个另一个量就是它的几倍"。

从教材内容与教师教学用书的说明来看，关于"倍"的认识，教材借助于包含了"倍"的标准模型的材料，引导学生理解、建构"倍"的模型。整个过程，起于标准模型，终于标准模型。这样编写的出发点更多源于学生的年龄特征，认为此年龄段的学生只需理解与掌握到这个水平即可。但不足也是显而易见的。因为学习材料单一，学生对"倍"的认识局限于标准模型（即"整数倍"），而碰到一般的非标准模型（即"非整数倍"）时，往往就一筹莫展了。这样缺乏丰富的一般性背景材料作为支撑的"倍"的模型建构过程，显然是窄化的、缺乏生长性的。解决这一问题，需要从学习材料的调整上进行实践。

三、基于教材内容处理后的《倍的认识》一课的教学设计

在实际教学中，笔者从教材定位出发，拓展学生的认识背景，从"整数倍"扩展到"非整数倍"，设计了三个层次的学习活动，试图通过创造性处理教材，引导学生比较好地完成学习任务，有效达成学习目标。

（一）源于教材：以教材内容为载体，引导学生认识"倍"的基本结构

活动一：解读情境，提出问题。

呈现情境图（课本例 1 主题图），提出问题：你从图中看到哪些信息？

从学生的回答中整理出以下信息：

胡萝卜 2 根，红萝卜 6 根，白萝卜 10 根。

再问：根据这些数学信息，你能提出什么数学问题？

学生提出的问题一般有两种：一是求总和的；二是求相差量的。

师：除了可以发现和提出"求和"的和"求相差"的问题之外，你还能想到什么问题吗？

此处根据课堂的实际情况作处理。如果学生能说到"倍"的问题，则直接切入；如果学生没说到"倍"的问题，教师可自己提出。（此时板书课题：倍的认识）

然后追问：你觉得"倍"是一个怎样的知识呢？

请学生说说对"倍"的认识。

[设计意图：关于"倍"的知识，对于学生而言，确实是一个全新的内容，但不等于所有学生都没有听说过。此处设计让学生说说对于"倍"的认识的情况，一则唤起学生的认知经验，二则引发学生对于"倍"的讨论的兴趣。]

活动二：微课学习，初步体会"倍"的数学意义。

师：这是你们所知道的"倍"。想不想知道，"倍"到底是怎样的一个数学知识呢？

引出微课，学生观看视频。微课的设计紧紧围绕教材内容，重点说明了"倍"表达的是"一倍量"和"几倍量"之间的关系。

完成后，请学生说说看过后，对"倍"有什么新的认识。

交流中板书关键内容：

1份（即把什么看成1份），几份（即有这样的几份），几倍。

[设计意图：通过微课的观看，引导学生初步理解"倍"的意义，感知"几倍"的含义。然后再让学生谈谈对于"倍"的认识，对"倍"中的基本要素（如1份的量，与含有这样的几份）有一定的感知与理解。]

（二）高于教材：以拓展内容为重点，激发学生在"变化"中深刻理解"倍"的含义

自主练习：看一看，圈一圈，填一填（设疑引思，引导学生理解"倍"的基本含义）。材料见下页"学习单"。

这组材料中，前面三题是对"倍"的基本理解，主要是检查学生通过微课学习后对"倍"的意义理解的效果。第4题是拓展性习题，也是这个练习设计时的关键材料。教学中可以这样处理：

学习单

1. 第一行：○○
   第二行：○○○○○○○○○○○○
   第二行的圆片个数是第一行的（　　）倍。

2. 第一行：○○○
   第二行：○○○○○○○○○○○○
   第二行的圆片个数是第一行的（　　）倍。

3. 第一行：○○○○
   第二行：○○○○○○○○○○○○
   第二行的圆片个数是第一行的（　　）倍。

4. 第一行：○○○○○
   第二行：○○○○○○○○○○○○
   第二行的圆片个数是第一行的（　　）倍。

5. 第一行：○○○○○○
   第二行：○○○○○○○○○○○○
   第二行的圆片个数是第一行的（　　）倍。

6. 第一行：○○○○○○○○○○○○
   第二行：○○○○○○○○○○○○
   第二行的圆片个数是第一行的（　　）倍。

（1）第4题的答案，估计很多学生会写2倍，于是先请学生说说写"2倍"的想法，体会2倍是哪一部分，对于多的"2个"无法处理，可先不作讨论。

（2）讨论第5题，确认第5题的答案肯定是"2倍"，再次理解因为正好含有2份，所以是2倍的道理。

4. 第一行：○○○○○
   第二行：○○○○○○○○○○○○
   第二行的圆片个数是第一行的（2）倍。

5. 第一行：○○○○○○
   第二行：○○○○○○○○○○○○
   第二行的圆片个数是第一行的（2）倍。

（3）引导学生比较：第4题中的"2倍"与第5题的"2倍"，哪个才是合适的？引发学生对第4题中"2倍"的思考：指的是哪一部分？

最终通过引导学生对"2倍多几"或"3倍少几"的讨论，进一步理解"倍"的含义。当然，教学中，需要延展到"拿掉2个，就正好是2倍"与"添上2个，就正好是3倍"的理解。

[设计意图：学生一般是对整数倍的理解相对比较容易，而对于几倍多几与几倍少几中的"倍"理解会存在较大的困难。此环节主要结合这样非标准模型的材料中的"倍"的讨论，深化对"倍"的理解。]

（三）回归教材：重新设计教材练习，引导学生在体验中建构"倍"的模型

拓展练习：想一想，画一画，比一比（结合画图，充分理解与建构"几倍"的模型）。

情境：小红和小丁摆 △。小红摆的个数是小丁的4倍。

问题：小红和小丁分别摆了多少个呢？

请学生将自己想出的答案画在纸上。

此处反馈重点抓好以下几点：

一是呈现几种不同的情况，如：小丁1个，小红4个；小丁2个，小红8个；小丁3个，小红12个等。（如下图）

二是重点讨论：这些表示出小红摆的是小丁的4倍的方式，有什么特点？

三是选择画得不恰当的材料，讨论问题所在，并设法改进。

[设计意图：这是一个检验学生对于"倍"是否真正理解的环节，同时

也是帮助学生进一步建构"倍"模型的环节。当然，完成这个任务的要求还是比较高的，所以选择材料时不一定完整，但最好寻找到典型材料。]

四、教材重新处理后的《倍的认识》一课的教学带给我们的启示

（一）教材需要尊重，但可以突破

突破教材是需要有对教材的深刻解读与系统把握作基础的。从某种意义上说，教材本身是有系统性的。尊重教材的系统性，是每位教师应把握的解读教材与使用教材的基本原则之一。但对于某个知识点而言，则是可以根据学生的学习基础与学习能力水平有所突破的。

如上《倍的认识》一课，我们对教材的理解是，学生从加法结构过渡到乘法结构，本身是一个转折，"学生的认知结构需要发生一定程度的'质'的变化"。[①] 因此，建构"倍"的模型是重点。但从学习效度上来分析，建构"倍"的模型，教材仅仅围绕基于标准模型讨论，显然又是不够的，适当增加非标准模型的"变式结构"，更能引导学生全面、深刻地理解"倍"的含义，建构"倍"的模型。这就是本教学设计对教材定位上的突破点。于是我们便设计了"几倍多几""几倍少几"这一组学习材料的讨论。从长远来看，这也弥补了本套教材后续学习中对这个知识点的缺失（因为这样的问题，在这套教材的后续教学中只在练习中有所涉及）。

（二）基于"学习者经验"的教材处理，既是教学设计的起点，更是教学实施的关键

将教材置于课程理念的背景下审视时，"不论课程内容、学科知识，还是当代社会生活经验，都只有转化为学习者的经验，才可能成为相应的课程目标"。[②] 这也是课程理念下理解与处理教材的关键。

---

① 刘加霞. 从加法结构到乘法结构："倍"是转折点——评析高丽杰老师的"倍的初步认识"[J]. 小学教学（数学版），2010（7，8）：17-19.
② 张华. 课程与教学论 [M]. 上海：上海教育出版社，2000：209.

作为课程资源，要真正起到对学生学习的促进作用，必须着眼于学生的知识经验，以引领学生获取更为丰富的经验。从本节内容的教学现状来看，在直观背景下建构"整数倍"的模型，对于学生来说并不难。这从学生自学微课后，完成"自主练习"中的前三题的情况可以得出结论（此三题学生正确率达 90% 以上）。于是便有了"非标准结构"的讨论和基于"4 倍"的模型解构的练习。这也是引导学生在多样的数学活动中，丰富"倍"的模型，形成相应的数学基本活动经验。当然，这也是教材作为课程资源时，一位优秀教师能做的，而且必须做的工作。

8 寓思于动，发展学生的直观想象力

——拓展课《正方体展开图》教学思考与实践

《正方体展开图》是一节基于五年级下册《长方体和正方体认识》（人教版课标实验教材）的内容学习自主开发的拓展课，主要是引导学生在对正方体展开图的探索中，体会立体图形与平面图形间的关系，在巩固长方体和正方体认识的同时，发展学生的直观想象力，积累相应的数学基本活动经验。

一、作为一节拓展课的《正方体展开图》的教学价值是什么？

从小学生"图形与几何"知识的学习来看，体悟点、线、面、体之间的联系是一项重要的学习内容。我们知道，"体"的特征是由"线"和"面"的特点决定的。由此，在"体"的构成中，"面"和"线"的连接与架构是至关重要的因素。《正方体展开图》作为学习《长方体和正方体认识》之后的一节内容，在引导学生抓住"体"与"面"的关系，理解和掌握图形要素的学习过程中，有着"引导学生进一步体会立体图形与平面图形的联系，深刻体悟正方体'6个面'的架构特点，在经历立体图形与平面图形的互变中，发展空间观念"的学习价值。

同时，作为一节拓展课，核心目标不能仅仅在知识的理解与掌握上，而更侧重于知识探索过程的经历与体验，数学基本活动经验的丰富与形成。希望学生通过本节课的学习，在以下四个方面有所收获：

一是能够结合对正方体的观察，在把握基本特征的基础上，想象其展开

图，并能在平面上画出相应展开图的示意图，初步体验根据图形要素特征推断相关结论的思维过程，发展直观想象力。

二是能够对所想象的展开图进行操作验证，切实把握结论的得出需要有严谨的探索过程作支撑，体会数学学习的严谨性和科学性，发展良好的数学素养。

三是能够认识图形展开图之间的异同，结合旋转、轴对称等图形变换的方式把握展开图之间的关键特征，在理解图形本质的基础上，建构正方体展开图的直观表象。

四是结合"同一展开类型中正方形的不同拼摆方式"的探索过程，经历数学思维的"开放"向"有序"发展的过程，体会"有顺序地思考"的学习意义，积累丰富的数学活动经验。

二、基本学习路径

基于以上《正方体展开图》知识内容的解读，本节课主要采用"做中学"的学教方式。基本的学习路径确定为以下四步：

（1）观察想象。以正方体的初步认识为起点，引导学生观察后展开想象。此一环节中，"回顾图形基本特征"是基础，"看实物"是关键，引导"想象"是目的。

（2）图形表达。引导学生把想象的图形画下来，这是一种思维表达的过程，同时也可以促使学生完善自己的想象，将模糊的认识转化为比较清晰的认识。

（3）验证结论。这是培养学生数学素养的重要环节，在于发展学生"对某个假设进行科学验证，以确保结论的科学性"的学习意识，同时也是对相关知识作进一步探索的基础。

（4）形成结构。这也是本节课的重要环节。这是将单个结论纳入到系统中进行认识，以帮助学生建构完善的认知结构。一般来说，可以分为三个层次：

第一层次：有多个类似结果的发现。

第二层次：对多个类似结果的比较，寻找共同点，进行归纳。

第三层次：对多个类似结果共同点归纳后的规律的应用，以发现新的相类似的结果。

三、教学过程设计及意图说明

（一）谈话导入，回顾正方体的特征

呈现一个正方体模型，问：这是什么图形？

当学生说到"正方体"及其基本特征（如每面是大小相同的正方形、有6个面等）时，请学生指一指正方体的前、后、上、下、左、右6个面。

[设计意图：以正方体实物为观察对象，回顾图形的基本特征，为学生展开想象提供依据。]

（二）展开探究，寻找展开图的基本规律

1. 第一次想象

提出问题：如果把这6个面展开，请你想象一下，它会是怎样的一个图形呢？

学生很容易想到的是：十字架形。呈现十字架形状的正方体展开图，并将展开图的形状画在黑板上（如右图）。

顺势揭示课题：今天这节课，我们就来研究把一个正方体的面展开以后的形状。（板书课题：正方体展开图）

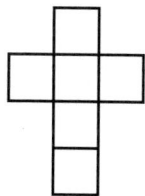

[设计意图：本环节的想象与展示，更多在于给学生一种呈现的方式，包括两个方面：一是有依据地想的感受；二是对想象结果的表达，即如何画出展开图。这也是为后续学生表达思考结果提供统一的方式，便于交流。]

2. 第二次想象

问题：请想象一下，这个正方体展开以后，它的6个面除了像黑板上这种形状之外，还会有其他形状吗？（请学生画出示意图）

学生自主活动，教师巡视收集部分典型作业。

交流第一类作业（如下图）：

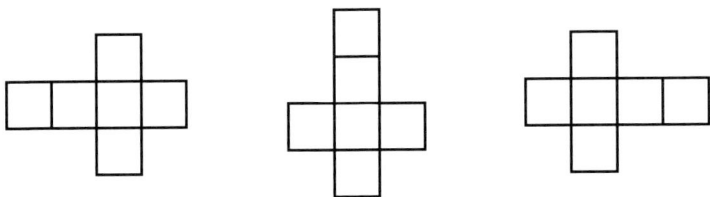

师：你能看懂他画的吗？对他画的有什么想法？

生：他画的其实与黑板上的是一样的，只是转了个方向。

[设计意图：交流第一位学生的作业，意在引导学生明白正方体的同一种展开图的不同表现形式：位置、方向可以是不同的，旋转、翻转之后形状仍然是相同的，则视为同一种。]

展示另外两位学生的作业（如下图）：

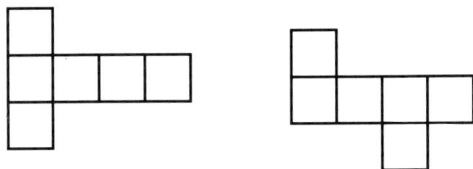

请学生先确认：这两种形状是不是正方体的展开图呢？（用学具验证）

学生动手操作验证，教师巡视，适时指导。活动后，请代表上来展示验证过程：先用 6 个正方形摆成如图的形状，再拼成正方体。

[设计意图：展示不同的两种情况，一则帮助学生打开思路，二则为后续讨论发现规律提供素材。]

3. 观察思考展开图的特点

问题：我们已经知道了，像这样的几个图（指前面说到的 3 种展开图）都可以拼成一个正方体。这些图有什么共同点呢？同桌可以交流一下。

学生交流后反馈。抓住"它们都有 4 个横着的正方形。这 4 个正方形可以围起来，还有 2 个正方形摆在两边"这一答案进行深入探讨：这排成一行的 4 个面可以拼成正方体的哪几个面？另外的两个面又可以作为正方体的哪两个面？

顺势小结：这3种图形中间都有4个正方形，再是上面1个，下面1个。中间4个面可以拼成正方体的前面、后面、左面、右面；还有2个面就是上面和下面。像这样的情况我们可以称之为"一四一型"。

[设计意图：研究"一四一型"的特点，是本环节的目标。过程中，注重学生的自主思考、自主发现是基本出发点。实践中，学生也确实能够找到"一四一型"的基本特点。]

4. 第四次想象

问题：想象一下，像这样的"一四一型"还有吗？一共会有几种情况呢？

学生交流得到不同的说法，抓住"16种"进行讨论。分三步：

第一步：请学生展示16种的得出过程。（过程如下图）

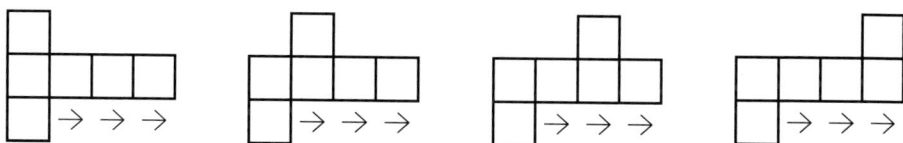

第二步：教师再以媒体演示"移动过程"，帮助学生进一步认识这一"有序思考的过程"。

第三步：追问。（这是他们的想法。你对他们的想法有什么需要问的？）

当有学生发现有重复时，引导学生结合操作说出想法。教师则以实例（如第一个图形与最后一个图形，如下图）引导学生再次比较：其实这两个是一样的。

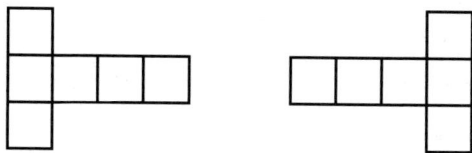

引导学生讨论：正方体展开图的"一四一型"到底有几种呢？一般此时会得出8种情况。

5. 引导观察后再思考

教师结合学生的表述，再次通过媒体演示了操作过程，并将 8 种情况展示在屏幕上。

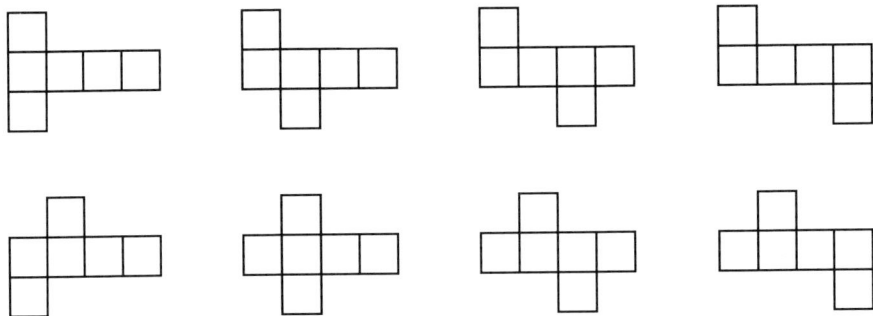

追问：这 8 种情况中，还有没有重复的？当学生发现"上面一行的第 2 个和下面一行的第 1 个"与"上面一行的第 3 个和下面一行的第 4 个"重复时，结合学具进行验证，确认。

小结鼓励：同学们真厉害！通过大家的努力，终于找到了"一四一型"的 6 种情况。

[设计意图：探索"一四一型"的全部情况，更多着眼于学生对有序思考的体验与数学基本活动经验的获得。讨论时，从 16 种到 8 种，一是引导学生关注数学思考的有序性，二是引导学生经历数学思维的严谨性。从学生数学思维发展来看，两者均不可少。最终得出 6 种，难度较大，不作基本要求，更多关注学生的体验。]

（三）玩中再探

问题：我们已经知道"一四一型"肯定能够搭成正方体。那么，除了"一四一型"，还会有其他型吗？接下来大家就用手中的 6 个正方形，边摆边玩，把你发现的情况画下来。

学生自主活动，教师巡视，作个别交流。自主探究中有新的发现的，便作展示。

可以讨论下页几种图形，还可以讨论其他的图形。

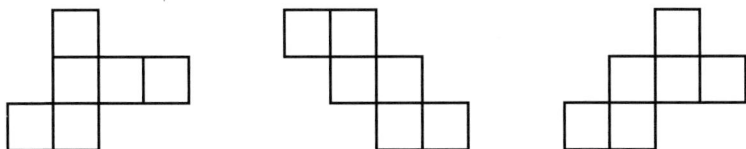

交流时，先请学生验证某个图形是否可以搭成正方体。如行，说明它是正方体的展开图。

[设计意图：作为拓展课，到了这个时间点，可以放手让学生以"玩"为主，一是应用前面的学习方法进一步探索，二是感受正方体展开图的多样和丰富，在有趣的学习活动中，获得更多的数学活动经验。]

（四）课堂总结

突出"玩中学"的特点，比如：这节课我们玩了什么？是怎么玩的？
整理方法：强调"有顺序地想"。

四、教后反思

作为一节拓展课，通过《正方体展开图》一课的教学，在发展学生的直观想象力上有四点体悟：

（一）把握想象与观察的关系，让学生的想象具有现实基础

本课的学习基础是学生对正方体基本特征的把握，即知道正方体有6个面，且每个面都是形状相同的正方形。虽然学生对正方体实物的认识有一定的生活基础，但因为本节课需要研究展开图的多种情况，从内容上确实有一定的难度。所以基于观察的想象，一则是在降低难度，二则也可以让学生体验想象不是胡思乱想，而是一种有依据的想，有基础的想。同时，在观察过程中，回顾正方体几个面的名称，也是有必要的。一则可以在后续的交流中统一表达，二则可以帮助学生丰富直观经验，利于学生想象。

（二）把握图形与图形的关系，让学生的认识从模糊转为清晰

"把握图形间的联系"是本节课的教学重点，同时也是学生的学习难点。对于学生而言，认识单个展开图难度不是太大，但是需要理解多个展开图之间的关系，是颇具挑战性的。因此，本节课的教学中，对于引导学生把握展开图之间的联系，发现相应的规律，教师采用引导学生"有序思考"不失为一种很好的方法。其间，主要关注两个点：一是思考的完整性，二是思考的严谨性。思考的完整性在于找出所有的"可能"，思考的严谨性在于发现"可能"间的重复。

（三）把握操作与思考的关系，让动作为思维发展服务

在研究展开图的过程中，因对学生认识的要求比较高，需要有直接经验的获得，因此动手操作成为了本节课的重要学习方式。当然，教学过程中，并不是"一探究就操作"，而是有"先想象再操作验证"，也有"先操作再想象结构"，具体实施是学生根据自己的学习水平自主选择的。实际教学中，教师不时地提醒学生，有困难可先"玩一玩"。"用玩具玩"也成为了本节课教学的特色。

（四）把握个体与群体的关系，让学生的学习获得更为多元的支持

从拓展课的基本要求来看，自主探索、合作交流更应该成为其特点。本节内容的学习，思维要求比较高，学生个体与群体间的互动交流是必须的。当然，为了让交流更有效度，在群体交流之前，个体学习的深度同时需要引导。从个体学习的深度发展到群体学习的广度，很好地支撑起了本节拓展课的学习效度。

第四章

聚焦身边高手的课堂智慧

教学现场不仅指自身的课堂实践，同样包括同伴的课堂。时常观看同伴的课堂，学会欣赏同伴的课堂，同样是一线教师专业成长的必备素养。因为有差异，所以有意义。很多时候，我们正是在从同伴课堂的真实情况与自身理解的差异出发进行内容的重新解读、学生学习过程的再分析之后，才有了创新的意向或灵感，也才收获了更有利于学生发展的教学设计。

⚑ 教学目标的达成并不是一蹴而就的

——对《亿以上数的读法》教学的思考与实践

人教版四年级上册《亿以上数的认识》，学生是在学习了"亿以内数的认识""十进制计数法"，初步掌握了"数位顺序表"的基础上学习的。本节内容一般分为两个部分来完成，一是"亿以上数的读法"，二是"亿以上数的写法"。就读法而言，相配套的教学用书在"教学目标"的确定上是这样表述的："会读'含三级'的数"。显然，"会读"是这个教学环节的核心目标。于是我们看到了以下的教学实践：

课始，教师呈现三个数（三个地区的人口数）：

　　嘉兴：880000 人；北京：13819000 人；河南：92560000 人

指名学生读后，教师质疑：这些数你是怎样读的？学生答：先画分级线，然后读。

教师接着呈现：

　　　　　　全国总人口：1295330000 人

再次指名学生读这个数。一名学生读："十二亿九千五百三十三万人"。请他说说读法。他说："先分级，然后读。"教师边说明"还可以借助数位顺序表来读"，边在这个数的上面呈现数位顺序表（如下图）。

…	亿级				万级				个级			
…	千亿位	百亿位	十亿位	亿位	千万位	百万位	十万位	万位	千位	百位	十位	个位
	1	2	9	5	5	3	3	0	0	0	0	0

请学生结合数位顺序表一起读这个数。

练习（教材第 21 页"做一做"）：

读出下面各数。

9200000000　　　　26705000000

508040000000　　　300200000

指名学生读数后，请学生小结读数的方法。被点名的几位学生均说："我用了分级法来读的。"

……

"会读"，从字面上理解，就是读得出来。从以上的教学过程来看，不能否认大多数（甚至有 70% 以上）的学生读这些数是不成问题的。那么是不是可以说，这个环节的教学只需要学生读一读这些数就可以了呢？

从教材编写来分析，"会读'含三级'的数"这一教学目标，是整个读数环节所应达成的目标。而有效的教学活动应该是有丰富内涵的，能够帮助学生在知识学习、技能掌握的同时，思维得到激发，能力得到提高的过程。因此，本教学环节，除了引导学生读出这些数，使"会读"这一显性的知识技能目标达成的同时，还应促使学生对"亿以上的大数"有一定的感知，并达成自主迁移"亿以内数"的读法、自主归纳多位数读法等过程性目标。以这样的目标要求来看以上教学过程，则显得目标单一了，其教学任务的完成便不能说是高质量的。

对"亿以上数"的读法，配套的教学用书上是这样说明的：

（1）对照数位顺序，安排了 3 个亿以上的数让学生试读，先出整亿的数，使学生看出只要按照个级或万级的数的读法去读，再在后面加上一个

"亿"字。然后出个级、万级不都是0的数,教学中间或末尾有0的数的读法。

（2）随后由学生自己探索读数规律：亿以上的数读法和亿以内数的读法类似,培养学生的迁移类推能力。

（3）在"做一做"中,安排了4个个级上都是0的数,重点让学生试读出每个数的左面两级上的数。

基于以上要求,我们不难看出,让"读法"教学过程丰满而有效,需要把"会读'含三级'的数"这一目标分解成三个层次：

层次一：能够回忆起亿以内多位数的读法。

层次二：初步会读含三级的数,体会亿以上数的读法与亿以内数的读法之间的关系。

层次三：在会读的基础上,归纳"含三级"的数的读法。

在教学中,这三个层次的目标应该体现在三个方面的教学组织中。

一、目标的层次体现在教学环节的设置中

对"亿以上数"的读法教学,在教学实施时需要分解成相应的小环节,而每一个环节的设计均应蕴含着不同层次的小环节目标。

环节一：唤起经验。

谈话,聊聊班级人数、学校人数。接着提出问题：猜猜整个嘉兴市有多少人。

学生猜。当学生猜得少时,教师可以提示：少了,往多里猜。当三四位学生猜过,其他学生也兴奋起来时,呈现具体数据：3994500人。告知这是2005年时,嘉兴大市的人口数,希望学生产生惊讶的神情。

请学生读这个数：指名读,集体读。问：怎么读的?当学生说出"先分级,然后读"时,需追问：分级后怎样读呢?引导学生说出"399这几个数字在万级上,所以读作三百九十九万"这层意思才算到位。

接着呈现：浙江省人口48940000人（2005年时的人口数）。

请学生说说读法，引导说出"因为 4894 在万级上，所以读作四千八百九十四万"。

环节二：尝试迁移。

回顾复习了"亿以内数"的读法后，再次激趣：浙江省人口那么多，接近五千万，那么 2005 年时全国人口又有多少呢？请同学们先猜。当有三四位学生猜后，教师呈现相关数据：1306280000 人。

当学生带着惊讶的神情关注这个数时，请学生尝试读。

先让学生自由读，再指名读。两三位学生读后，请学生说说读法。要求学生说出"为什么读作'十三亿'"，这个数中的"0"又该怎样读。学生说出理由，再请学生读，全体读。

环节三：重点研读。

练习：读出下面各数（教材第 21 页"做一做"，选择三个数，并对最后一个数作改动）。

9200000000　　508040000000　　300205000

请学生分别读出这三个数（亿以上）。指名读时，请学生说说读法。要求说出"读作'九十二亿''五千零八十亿''三亿'"的理由，并分别讨论每个数中的"0"如何读。

环节四：小结归纳。

当学生会读这个数后，教师顺势引导学生归纳"'含三级'的数"的读法，要求学生说出"亿级的数读后需加上'亿'这个单位，万级的数读后需加上'万'这个单位"这层意思。另外，也需要学生对读多位数时"0"的读法有所归纳。

四个小环节的教学，把"会读"这一个大环节的目标进行了分解，体现着四个层次的意思：

环节一是唤起经验。这个经验应该包括两层含义，一是引导学生对"亿以内数"的读法的回忆，唤起学生的认读经验，为"会读"亿以上的数作方法上的准备；二是唤起学生的数感体验，即引导学生对一个在具体情境中的数据的大小有所感知和体验。

环节二是方法的迁移。此时的活动更多是学生自己迁移方法读数的过程。

环节三则是增强读"亿以上数"的经验，为归纳小结方法作准备。

环节四则是目标的达成。也就是说，只有当学生不仅能读出数，而且还能说出相应的读法时，这才是真正达到了"会读"的层次。

二、目标的层次体现在教学材料的选择中

前文已经谈到，"会读'含三级'的数"是本环节的大目标。通过一些教学活动达成这一显性目标的过程，是一个引导学生进一步体验数感、提高学习能力的过程。而要达成这样的过程性目标，除了环节设计有层次之外，学习材料的选择是否得当同样重要。我们在改进教学中，设计了两个层次的学习材料。

（一）直观材料：引导学生在具体数据的感知中"初读"

数据一：2005 年嘉兴人口 3994500 人；数据二：2005 年浙江人口 48940000 人；数据三：2005 年全国人口 1306280000 人。

这三个数据是具体情境中的，有着具体的意义，且三个数间存在着一定的联系。三个数的层次可以分为两个：一是复习"亿以内数"的读法，为自主探究"亿以上数"的读法作准备；二是尝试读"亿以上的数"，因为是在具体的情境中，所以在数的大小感知上，学生还具有一定的感性经验，有利于学生进一步体验数感。

当然，这一组是"初读"的数据，此时不宜归纳方法。

（二）抽象材料：引导学生在典型数据的认读中"精读"

数据组：9200000000，508040000000，300205000。

这组数据相对于前面三个数是数学意义上的数，是抽象的数学材料。未将"做一做"中的四个数据都呈现，而只取其三，且对第三个数作了改动，为的是增强数据的典型性。应该说，三个数均有相应的知识要点：

9200000000，只有"亿级"上有数，读作九十二亿，后面的"0"都不读出来。

508040000000，"亿级"上有数要读，"万级"也有数要读，且"亿级"上的"0"有读的，有不读的。

300205000，"含三级"的数，亿级、万级、个级均有数要读，为学生小结归纳读法提供更为丰富的材料，有利于学生进行读法整合，小结归纳。

当学生能够说明这三个数的读法时，表明了对"亿以上的数"的读法是掌握了的。

三、目标的层次体现在教学问题的设计中

教学目标的顺利达成，除环节设计、学习材料选择之外，还有一个重要的因素，便是教师对教学问题的设计。在本环节的教学中，我们设计了三个关键性的问题，体现着三种不同层次的教学指向。

（一）"这个数怎么读"——指向于具体方法的问题

从教学过程来分析，"这个数怎么读"这样的问题，旨在引导学生说出读数的一般方法。比如，学生答"我是先分级再读的"，或者"我先读亿级上的数，再读万级以上的数"等。这样的问题设计，关注的是一般性目标，有利于显性层面目标的达成。

（二）"这个数中的'0'应该怎样读"——指向于学习难点的问题

显然，读"含三级"的数的难点是"数中'0'的读法问题"。如在读508040000000、300205000 这两个数时，引导学生提出或教师自己提出"这个数中的'0'应该怎样读"等问题，组织学生交流分析，让会读的学生教不会的学生，从而多角度、多手段地解决读数中的难点。

（三）"像这样'亿以上的数'到底应该怎样来读"——指向于思维提升的问题

"读"的提升，是对读法的小结归纳。这是本环节最为重要的。因此，"像这样'亿以上的数'到底应该怎样来读"这个问题是必须提出来，引发

学生思考和交流的。这有利于引导学生实现从读"数"到读"法"的提升，是培养学生学习能力的重要途径。

当然，本环节中还有一个激发学生思考的重要问题："你怎么想到1306280000这个数应该这样读呢？"这个问题旨在启发学生从"亿以内数"的读法说起，沟通多位数读数的方法，帮助学生形成系统知识的问题。

总之，从整节课来分析，"亿以上数"的读法，虽然不是一个教学难点，但却是一个典型的教学环节。其教学目标的定位与分解、教学材料的选择与应用、教学问题的设计与交流，不仅仅为本节课后半部分教学"写数"提供可借鉴的方式，而且对一般的教学活动设计同样有着普遍性的意义。

⚡ 以学定教，真正体现"导"的价值

——以《与 0 有关的乘法》一课的教学为例

这是一位教师在执教《与 0 有关的乘法》一课中的片段：

通过前十分钟左右的学习交流，学生理解了"0 与任何数相乘都得 0"的意义，进入到计算应用阶段。呈现材料：5 个书架图；告知信息：每个书架可以放 130 本书；提出问题：一共可以放多少本书？学生独立完成后反馈：

$$130 \times 5 = 650（本）$$

$$
\begin{array}{r}
1\,3\,0 \\
\times \quad\ 5 \\
\hline
6\,5\,0
\end{array}
$$

交流笔算过程后引导：还有不同的笔算方法吗？没有学生回答。无奈之下教师直接呈现如下算式，组织学生讨论：是否可以这样笔算？

$$130 \times 5 =$$

$$
\begin{array}{r}
1\,3\,0 \\
\times \quad\ 5 \\
\hline
\end{array}
$$

本环节的教学目标是引导学生将新知"0 乘任何数都得 0"应用到乘法运算中，初步体会"0"在乘法运算中的特殊性。以上实践过程中，教师对环节目标的理解是正确的，但其希望一步到位解决简算格式的书写问题，显得过于仓促。从课堂反映来看，学生缺少足够的"与0有关的乘法"计算体验，很难想到"因数末尾有0的乘法"可以这样简算。我们知道，新课程背景下的课堂教学突出的是"以学定教，顺学而导"的教学理念，强调"螺旋上升"的设计要求与实践策略，教学过程不提倡"一步到位"，而是放慢节奏，根据学生的学习状况，在学生认知发展关键节点处给予适时适度的引导，从而在帮助学生实现对知识的良好建构的同时，真正体现教师"导"的意义和价值。

一、"螺旋上升"对数学教学的指导意义

"螺旋上升"这一概念出自哲学中的"螺旋式上升"，它是对事物发展进程的形成描述，意指事物因内部矛盾而引起的从低级到高级、从简单到复杂的曲折前进的运动方式。这种运动方式最大的特点是具有周期性，当然这种周期性并不是简单的重复，也不是从一个起点回到了原来的起点的周而复始的循环，而是每一个周期的终点同时又是下一个周期的开始，从而出现了螺旋式的上升运动。"螺旋上升"对小学数学教学实践有着重要的指导意义。

（一）数学教材内容的编排体现着"螺旋上升"的特点

以"小数的概念"学习为例，与之相配套的各类课标实验教材均安排在两个时间段内学习。比如人教版教材，第一学段三年级下册编入"小数的初步认识"（《认识小数》）；第二学段从四年级下册起系统认识小数（《小数的意义》）。三年级下册的《认识小数》一课，目标是引导学生"结合具体情境解释情境中某个具体小数的含义"，唤醒学生经验中的"小数"（如人民币单位、长度单位间的进率），初步感知"小数"与"分数"间的联系。四年级下册《小数的意义》一课，很显然已经将三年级下册《认识小数》一课唤醒的经验及习得的方法作为进一步理解小数本质意义的起点了。虽然同样有一定的情境作支撑，但其学习过程中重点在于建立起"小数是十进分数的另一种表示形式"的本质概念，即"一位小数表示十分之几的分数，两位小数表示的是百分之几的分数"……这样的编排，充分体现了数学知识"螺旋上

升"的设计特点。

（二）小学生的认知特点，需要有"螺旋上升"的教学引领作支撑

研究表明，儿童对数学知识的理解和掌握的过程，正是一个从低级到高级、从简单到复杂、从直观到抽象的曲折过程，其能力发展的每一步都以前一步为基础。因此，我们的教学需要准确把握学生知识建构的关键节点，让新的学习周期能够在恰当的起点上开始，从而帮助其顺利完成新的学习任务。例如在解决"红花有 13 朵，比黄花少 4 朵。黄花有多少朵？"此类问题时，我们可以结合孩子的生活经验和认知特点，将最初的解题思路建立在实物操作的层面上进行；当孩子积累了一定的实物操作经验后，便可以引导孩子以图示的方式（如符号图、线段图等）来分析此类问题，提高认知水平；而当孩子对文字与图示之间建立起比较丰富的经验联结之后，我们的教学便可以引导学生直接通过对文字的理解来解决。这样的学习路径设计，不管需要分解为几个阶段进行，其教学组织方式都具有典型的"螺旋上升"特点，应该成为小学数学课堂教学的基本实践策略。

二、基于"螺旋上升"设计理念的课堂教学实施要点

"按照儿童的认知规律和数学知识的内在联系"，"由浅入深，由易到难，循序渐进，螺旋上升"是课堂教学实践中的基本原则。那么，如何在一节课的教学中把"螺旋上升"的实践理念体现出来？操作中又该把握哪些方面的基本要素？以下笔者结合《与 0 有关的乘法》一课的设计及实践，谈一些粗浅的看法，供大家参考与探讨。

（一）梳理层次，明确教学关键点

一节课的教学设计，从教学内容的角度来体现"螺旋上升"的设计理念，需要思考几个基本问题：本节课的主要内容是什么？贯穿整节课的主线如何确定？教学环节的层次怎样体现？过程推进中的关键节点在哪里？以《与 0 有关的乘法》一课为例，我们试着围绕这些问题进行一定的分析。

根据北师大版教材三年级上册的编排情况，《与 0 有关的乘法》一课的教学内容可以分为四个层次。

层次一：理解"0 乘任何数都得 0"的意义，这是本节课的重点内容之一，是本节课后续内容学习的基础；层次二：将"0 乘任何数都得 0"的结论应用于乘法运算，初步体会"0 乘任何数都得 0"的实践意义；层次三：重点学习"与 0 有关的乘法"的计算方法，初步习得计算技能；层次四：经历"因数末尾有 0 的乘法"运算方法的简约化过程，掌握一定的计算技巧。

从以上四个学习层次的定位来看，本节课以"与 0 有关的乘法"的学习为主线，在逐步认识、理解"0"在乘法运算中的特点的基础上，习得计算技能，掌握运算技巧。四个层次的学习关键点相当清晰：层次一是"0 乘任何数仍得 0"的意义理解；层次二是体会"0 乘任何数都得 0"的应用价值；层次三是"与 0 有关的乘法"计算技能习得；层次四则是当因数末尾出现 0 时的乘法运算技巧的体会与掌握。前一个层次是后一个层次学习的基础，后一个层次均是前一个层次的进一步提升与完善。环环相扣，螺旋推进。

（二）深度解读，厘清教学重难点

以"螺旋上升"理念设计一节课的教学，除了从教学内容的角度来分析内容层次之外，还有一个重要任务是需从学习者的角度来厘清学生学习过程中的重难点。我们知道，一节课的教学重点往往是基于教材内容确定，以教学目标的方式体现的。教学难点的确定则是基于学生自身的学习能力而定的，反映的是教学目标与学生认知水平之间的差异状况。教学中，教学重点的落实一般贯穿于整堂课教学的始终，教学难点的解决有时只出现在课堂教学的某个环节。因此，以"螺旋上升"的理念来设计学习路径的关键，当然在于厘清教学重难点的基础上，合理分解教学重点，逐步解决学习难点。

《与 0 有关的乘法》一课，其总体教学目标是理解"0 乘任何数都得 0"的意义及其应用。因此，教学重点毫无疑问是：理解"0 乘任何数都得 0"的意义，并且能够应用此结论进行相关的乘法运算，掌握基本方法。从学生知识基础和认知能力出发去分析，教学难点则有两个：一是"因数中间有 0 的乘法"计算技能的理解与掌握，二是"因数末尾有 0 的乘法"笔算技巧的理解与习得。这是由于学生在以前的笔算乘法中，没有碰到过"0"的参与，处理计算结果时，没有用"0"占位的经验。因此，学生对结果中出现"0"占位或者需用"0"与进上来的数相加的情况处理不适应，对"与0有关的乘法"运算技能的掌握造成一定的障碍。另外，对于"因数末尾有0的乘法"笔算技巧的理解与习得，则更多是因为现阶段乘法运算数据较小，学生无法真正感受到简算的必要性，造成简算技巧较难探究得到。

当然，同样作为教学难点，其性质却不太一样。对本节课而言，"因数中间有0"的乘法计算中，"0"与相关数相乘后的结果处理是学生必须掌握的基本运算技能。因此，这个学习难点是本节内容教学重点的重要组成部分。而"因数末尾有0的乘法"笔算的简写则不同。它并不是一种简单的计算技能，而是一种计算技巧。技能是一种技术方法的基本能力，技巧则为一种技能基础上的巧用、妙用。从这个意义上说，技巧不掌握，不会影响到问题的解决。因此，这个教学难点可以不作为本节内容的教学重点。

显然，学会"因数中间有0的乘法"的计算方法是这节课的基本要求，习得"因数末尾有0的乘法"的计算技巧则是运算方法要求上的提升。基于"螺旋上升"设计理念的课堂教学中，当然需要恰当处理作为基础性知识的"与0相关的乘法"计算方法的教学，与作为延伸目标达成的"因数末尾有0的乘法"计算技巧的学习两者之间的关系。

（三）逐步提升，落实学习生长点

"螺旋上升"作为一种周期性运动方式，其变化中的起点与终点在课堂教学中可以把它们当作学生的学习生长点。体现"螺旋上升"理念的课堂教学，必须把握学生的学习生长点，尊重学生"学"的基础，找准学生每一个学习阶段"学"的起点，引导学生积极参与学习活动，在不同的学习环节中顺利实现教学目标。《与0有关的乘法》一课的教学，同样需要考虑每个环节学习生长点的落实。

环节一：理解"0乘任何数都得0"的意义。

本环节的学习起点是学生已有的解决乘法问题的经验和"一个也没有就是0个"的生活经验。因此，教学设计可以从情境出发，组织学生学习。

起始情境：呈现 5 个盘子，每个盘子里摆 3 个苹果。问题：共几个苹果？学生借助解决问题的经验，得到算式 3×5，结果是 15 个。

变化情境：盘子数不变，苹果数减少，每个盘子里摆 2 个苹果，得到算式 2×5，结果是 10 个。继续变化情境：每个盘子里摆 1 个苹果，得到算式 1×5，结果是 5 个。最后变化成：每个盘子里不摆苹果，得到算式 0×5，学生根据生活经验"一个也没有就是 0 个"得出结果为 0，理解"0 乘 5 得 0"的意义。

接着进行强化：盘子数增加到 6 个，得到算式 0×6，结果也是 0；增加到 7 个，得到算式 0×7，结果还是 0；盘子数减少到 4 个，得到算式 0×4，结果也是 0……充分理解"0 乘任何数都得 0"的意义，完成本环节的学习。

环节二："0 乘任何数都得 0"结论的应用。

本环节是"0 乘任何数都得 0"结论的首次运用。教学时，仍然结合具体情境展开，便于学生继续利用生活经验解释算理。情境：5 个书架图；信息：每个书架可以放 130 本书；问题：一共可以放多少本书？

学生根据解决问题经验得出算式 130×5，并独立计算，写出笔算过程（如右），然后说明计算过程。利用前一环节的理解经验，重点解读"0 乘 5 得 0"的意义，体验解决乘得的"0"的书写位置，体会"0"在计算过程中的特殊性。因为是"0 乘任何数都得 0"结论的第一次运用，不应强求学生出现简写。

$$130 \times 5 = 650（本）$$

$$\begin{array}{r} 1\ 3\ 0 \\ \times\quad\ 5 \\ \hline 6\ 5\ 0 \end{array}$$

环节三：学习"因数中间有 0 的乘法"笔算方法。

针对上一环节中学生初次体会了"与 0 有关的乘法"的运算经验，由学生尝试计算式题：402×3，107×8。此时，学生已经有了笔算 130×5 时"积中'0'的占位"经验的积累，学习起点已经较首次运用高，应该有处理"因数中间有 0 的乘法"结果中"0"的占位的可能性。当然，本环节新的生长点是在计算"因数中间有 0 的乘法"时，需要处理两种情况：一是不进位时的处理，二是进位时的处理。如 402×3 涉及不进位的处理，当个位上的 2 与 3 相乘后得 6，直接记在个位即可，算十位上的 0 与 3 相乘时，因为 0 乘 3 仍得 0，即直接在十位上写上 0 即可，再进行百位上的数与 3 相乘。而

107×8 则不同，当个位上的 7 与 8 相乘得 56，个位上是写 6，还有一个 5 需要向十位上进，此时，十位上的 0 乘 8，便不能因为仍得 0 而只在十位上写上 0，它需要与个位上相乘后进上来的 5 个十的 5 相加，得 5 后，在十位上记上 5，然后才能进行百位上数字的计算。这两种情况都属于乘法运算中的基本计算技能，以后不管是几位数乘几位数，只要某个因数中间有 0，甚至有的因数中间有多个 0，其基本的计算过程都是这样的。因此，这里的知识生长点，对于学生来说，是必须掌握的，是其计算能力提高的基础。

环节四：探究"因数末尾有 0 的乘法"运算技巧。

本环节教学是在学生基本掌握了"与 0 有关的乘法"计算方法的基础上进行的，学生的学习起点相对较高。因此，"因数末尾有 0 的乘法"计算技巧的学习可以作为练习的一部分来进行。

请学生尝试计算式题：120×7，1200×7。如果学生在试算过程中，仍然没有出现简写现象，则继续在第一个因数的末尾添上 0，变成 12000×7，甚至 120000×7，请学生试算。运算技巧的发现与提炼，需要激起学习者探究方法的欲望，并有一定的经历和体验。应该说，此时的运算技巧的发现，也已经不仅仅是一种简单的计算方法的探究，它已经成为了一种心理体验基础上的方法优化。此时的学习生长点，也已经不仅仅是知识层面的发现与习得，同时也包含了思维层面发现规律、表述规律方式的探究成分。

至此，本节课的教学任务得以顺利完成。

3 量角器："认读"还是"解读"

——由《角的度量》教学片段引发的思考

一、量角器的认识，仅仅定位于"认读"够吗?

在一次教学调研活动中，听一位教师执教《角的度量》一课。课中，"量角器的认识"环节教师是这样组织教学的：

课始回顾了"角"的概念之后，教师请学生判断一些角的大小。当比较第 4 个和第 5 个角时，因为两个角的大小不太明显，问学生怎么办。学生说用量角器来量。于是引出了"量角器"的认识教学。

多媒体呈现自学要求，组织学生自主学习。

（1）观察量角器，看量角器上都有什么，说给同桌听听。

（2）量角器是用来量角的，你能在量角器上找到角吗? 你能指出它的顶点和边吗? 指给同桌看看。

（3）自学课本第 40 页。

3 分钟后，教师开始组织反馈。

师：你在量角器上看到了什么?

生：0 和 180。

师：量角器上有角吗?

教师请一位学生指出呈现在屏幕上的量角器中的角，没指出来，又请了第二位学生来指。这位学生指出了直角（即指向于 90 度的）。

……

从整个教学过程来看，教师对"量角器的认识"这一环节的教学，重点在于引导学生知道量角器上"有什么"。笔者认为，定位于"认读"的目标，对于"量角器的认识"教学，要求偏低了，不利于学生后续学习"用量角器度量角的度数"的技能。那么，作为《角的度量》一课中的重要内容，"量角器的认识"的学习价值到底有哪些呢？这需要我们对教材作深入的解读与思考。

二、量角器认识的学习价值在哪？

《角的度量》一课是人教版课标实验教材四年级上册的一节内容。本节内容主要包括量角器的认识与用量角器度量角的大小两部分内容。可以说，这是一节典型的操作技能课。一般教师往往把重心放在"用量角器量角"上。应该说，这样的教学定位还是可取的。然而，作为一节操作技能课，怎样才能使对操作工具——量角器的认识更好地为操作技能的学习服务呢？这确实是一个需要我们一线教师深入思考的问题。

比较后来"教育部审定版教科书"（以下简称"修订版教材"）和"全国中小学教材审定委员会 2003 年初审通过的课标实验教科书"（以下简称"实验版教材"）上对于《角的度量》一节内容的编写（见下页图），我们不难发现，教材在"量角器的认识"内容的编写上变化还是比较明显的，其中主要的变化表现在以下两个方面：

一是关于角的度量单位的认识。"实验版教材"中，虽然度量角的度数是从角的大小比较引出的，但在处理角的度量单位产生的问题上，并没有过多的要求，基本处理为与认识量角器的过程一并完成，这样编写显然是弱化了"单位"产生的过程，突出"量角器"上外显内容的认读，且在呈现度量单位"1° 角"时，是孤立的，缺少了与整体关系的感知。这一现象在"修订版教材"中作了明显调整。"修订版教材"不仅仅拉长了角的大小比较的引入过程，同时也特别放大了度量单位"1° 角"的产生过程——1°角是"将圆平均分成 360 份后"其中的 1 份所对的角。这个过程，不仅有文字说明，而且还提供了图示，并直接在一个圆的整体上标注出"1° 角"。这

角的度量

"实验版教材"

角的度量

我画的角比你小。

小多少呢?

量角的大小,要用量角器。

仔细观察,量角器上有什么?

角的计量单位是"度",用符号"°"表示。把半圆分成180等份,每一份所对的角的大小是1度,记作1°。

1°

小组讨论:怎样测量下面两个角的度数?

∠1　　∠2

"修订版教材"

角的度量

下面两个角哪个大些?大多少?

∠1　　∠2

用三角尺上的角来量一量、比一比。

还是不能准确地知道∠2比∠1大多少。

要准确测量一个角的大小,应该用一个合适的角作单位来量。

人们将圆平均分成360份,将其中1份所对的角作为度量角的单位,它的大小就是1度,记作1°。

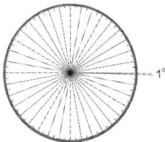

1°

根据这一原理,人们制作了度量角的工具——量角器。

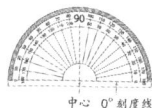

量角器是把半圆分成180等份制成的。

90

中心　0°刻度线

样的呈现方式,不仅让学生经历、体会了度量单位的产生是一种实际需要的过程,同时也体验了单位角产生的过程,更容易建构起对角的度量单位——1°角形状的特殊性的认识,形成角的度量单位的表象。

二是量角器与单位角之间的联系。在"实验版教材"中,因为对度量单位"1°角"的认识是在量角器的认识中引出的,且在后续呈现图示时是孤立的,因此,学生在对于量角器的构造原理与单位角之间的关系的认识中,缺乏足够的思维深度,从而会影响学生对量角器构造原理的把握。而"修订版教材"因为是基于对度量单位"1°角"的认识、理解引出量角器,并且清楚地表明"根据这一原理,人们制作了度量角的工具——量角器",显然,从思维层面上引导学生建构起量角器构造与"1°角"的关系,不但加深了对量角器结构的认识,同时也为后续使用量角器度量角的度数提供了更为扎实的知识基础。

笔者以为,就教材编写的改变而言,这样的变化给"量角器的认识"教学提出了更高层面上的要求，需要教师对"量角器的认识"教学从"认读"走向"解读"，也就是说在目标定位上，不但需要学生知道量角器上"有什么"，还需要知道量角器"为什么要这样制作"，这样制作背后的"原理是什么"。当然，从更深层次上来理解，"认读"到"解读"的变化，其实是教学目标从"了解"到"理解"的变化，而对知识内容的"了解"水平与"理解"水平在学生的技能学习中所产生的影响显然又是不一样的。

三、基于"解读"的"量角器的认识"教学如何设计？

从"解读"定位上来设计"量角器的认识"这一教学环节，与"修订版教材"配套的教师教学用书中关于本节内容提出的"初识量角器—理解制作原理—再识量角器"三步教学建议，已经作了很好的架构。笔者现就如何具体展开谈一些做法和思考。我们可以从以下三个环节来设计"量角器的认识"教学过程：

环节一：问题引入，自主交流，初步认识量角工具——量角器。

复习角的概念，提出学习任务：比较以下两个角的大小。

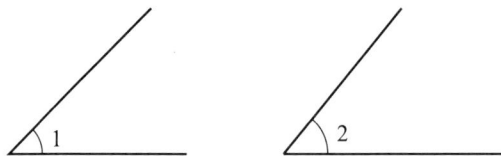

比较产生问题：我们通过观察，可以判断出∠1 小，∠2 大。如果想知道∠2 比∠1 大了多少，你怎么办？

引出测量，追问：用什么工具来测量角的大小呢？——引出量角器。

请学生取出量角器，自由交流，初步认识量角器的构成。

[说明：从模糊比较到精确比较，引出测量的必要性，由此引出测量工具——量角器。而学生一般在课前已经准备了量角器，知道量角器是一件量角的大小的工具，于是先请学生初步认识量角器的构成，一则顺应学生的学习需求，二则了解学生的认识基础。]

环节二：问题勾连，深入解读，知道量角器的制作原理。

请学生说说量角器上的内容后，提出问题：为什么量角器可以测量角的大小呢？

组织学生讨论后反馈，主要抓住量角器上有测量单位"1°角"展开引导。

师：这个"1°角"是怎么来的？

组织阅读课本上的内容，并用多媒体演示"1°角"的产生过程。

师：量角器上的"1°角"在哪里？

组织学生活动：一是直接在量角器上指出1°的角；二是提供一张量角器图纸，请学生在图纸上画几个1°的角。

此时，多媒体再次演示将半圆变成量角器的过程，请学生观察体会，比较思考。

讨论：屏幕上画的量角器（屏幕上的量角器只有一组数据）与实际的量角器又有什么区别？为什么实际的量角器有两组数据？

结合讨论交流，认识量角器上"中心""0°刻度线"以及"10°刻度线""180°刻度线"等内容。

[说明：将工具构造原理的理解以一个大问题的形式引导学生思考，改变了以往教学中以琐碎问题降低思考含量的状况，唤起学生对测量知识的理解经验。这样的教学过程，一则使学生经历度量单位"1°角"的产生过程，二则更加有利于学生体会度量单位"1°角"与量角器构造之间的关系，从而深刻理解量角器的构造原理，应该说是一个一举多得的设计。]

环节三：问题启思，引发操作，深刻体验量角器构造的使用价值。

再次提出问题：同学们，现在我们已经知道了量角器的基本构造了。量角器是用来做什么的呢？（测量角的度数）你如何来测量角的度数呢？

提出任务：测量∠1和∠2的度数。

学生尝试测量后，以问题启发式引导学生反馈交流。

问题一：这几位同学量的是同一个角，为什么度数不一样？

问题二：∠1比∠2小几度？你是怎样想的？

通过问题一，初步总结出用量角器测量角的度数的步骤：把量角器的中心与角的顶点重合，一条0°刻度线与角的一条边重合；看角的另一条边所对的量角器上的刻度，便是角的度数。问题二的讨论，关键在于理解∠1与∠2中分别包含的单位个数的比较。

第二次尝试练习：测量以下两个角的度数。

学生完成后抓住典型错误进行交流，特别是通过对∠2中出现的"错看内外圈刻度"的问题讨论，强化对量角器构造的体验，深刻理解量角器"用两组数据表示刻度"的设计的合理性、便捷性。

[说明：在以往的教学中，教师往往将量角的度数作为教学重点，并将操作训练放到很重要的位置，从而忽视了理解量角器构造原理的教学。本环节设计，量的功能不仅仅是学会量，还在于让学生进一步理解、体会量角器的构造原理，既关注了操作技能的训练，又将数学理解与数学思考放到了重要的地位，体现了知识技能习得与数学活动经验积累共同生长的教学理念。]

▲ 在意的是"数学思考"

——人教版《四边形的认识》解读及教学思考

一、对"分类"的误读

在一次"同课异构"的教学研讨活动中，三位老师都执教了人教版课标实验教材三年级上册的《四边形的认识》一课。综观三节课，基本流程相同：找四边形—初步小结特征—分四边形—讨论分法—总结特征—巩固练习。课中分类的环节都做得比较充分。现将分类环节的教学过程记录如下：

［教例一］

当学生把 6 个四边形从十多个图形中找出来后，教师提出新的要求：这些四边形的边和角有什么特点？哪些四边形的特点是相同的？你能把它们分分类吗？

学生自主分类。教师巡视，有选择地请学生在黑板上展示分法。

一位学生分成两类：

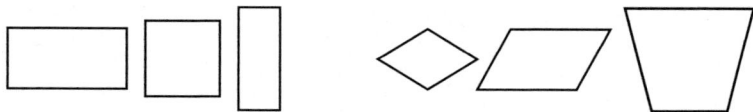

教师请这位学生说说想法。他说：直角的一组，没有直角的一组。

问：这位同学是从哪个角度来观察图形的？

生：从角的角度。

师：从角的特征，还可以怎样来分？

……

[教例二]

当学生从 8 个图形中找出四边形后，教师又重新出示了 6 个四边形。

师：你能介绍一下这 6 个四边形的特点吗？老师先来说一个，比如④号四条边的长度是一样的。

生：③号的四条边四个角都是一样的。

生：②号图形的两条边是一样的，四个角是一样的。

生：⑥号图形的四条边都不一样。

……

师：同学们说得很好。现在请你们把这 6 个图形分分类吧。

学生自主分类后，反馈交流：

生：①号和②号一类，③号和④号一类，⑤号一类，⑥号一类。

生：①号、②号和③号一类，④号、⑤号和⑥号一类。

师：这位同学是按什么标准来分的？

生：①号、②号、③号有直角，④号、⑤号、⑥号没有直角。

师：还有其他分法吗？

生：①号、②号、⑤号、⑥号分一类，③号、④号分一类。

师：他又是以什么标准来分的？

生：四条边不一样长，四条边一样长。

……

[教例三]

教师请学生在钉板上用橡皮筋围一个四边形。学生活动后，展示交流。学生呈现的基本是长方形和正方形。教师自己提供了平行四边形和梯形。

师：你们围的四边形都一样吗？请你们把这些四边形分分类吧。老师先给你们一些建议：首先想好分类的标准，需要时可以用尺量，同桌可以合作。

学生再次活动，交流反馈：

师：你是怎样分的？

生：长方形、正方形，还有其他。

师：你的标准是什么？

学生说不出来。

师：还有不同分法吗？

生：我分成长方形、正方形、平行四边形。

……

分析三位教师分类环节的教学，第一位教师注意了引导学生关注分类时观察的角度，但对分得的结果却没有加以利用。笔者以为，仅仅分好类是不够的。"分"只是基础，引导学生以"角"或"边"的视角进一步认识某些四边形的特殊性，才是分类所需要达成的目标。

第二位教师注意了分类的标准，但在分类前因为有对每个图形特殊性的观察与判定，其实给后面分类带来了障碍。因为有对每个图形特殊性的分析，在学生的认知意识中，自然认为每个图形都可以归为一类。所以，从分的一开始就有许多类产生。分析学生的学习过程，本节内容的学习应该是一个从一般到特殊的过程，先确认这些图形都是四边形，接着认识一些比较特殊的四边形。

第三位教师在这一环节出现的问题，则是学习材料不足造成的。请学生用钉板围四边形，优点是学习材料产生具有生成性，缺点主要体现在两个方面：一是因为钉板的特殊性，学生围的大部分图形是长方形或正方形，学习材料不够丰富；二是因为每个学生只围了一个图形，从心理上更为关注自己所围图形的特征，而缺少对其他图形的观察，从而造成对其他四边形的感知严重不足。此时，要求学生分类则有关注点分散的弊端了。

当然，从总体上分析，三位教师的教学过程似乎都在力求找到分的结果，而对分后结果的应用价值认识不足。课后与三位教师进行了交流，了解到他们的想法：把"分的方法"作为了一个重要的教学目标，旨在引导学生学会分类方法，于是"分正确"便成为三节课共同追求的目标。笔者认为，这样的理解是对教材例 2 "把图形分分类"的误读。

二、《四边形的认识》到底是怎样的一节内容？

《四边形的认识》属于"空间与图形"学习领域中"图形的认识"的一节内容。人教版三年级上册编排的这节内容，是学生在一年级"认识物体和图形"单元学习中，初步认识了特殊四边形长方形和正方形的基础上学习的。对比北师大版、苏教版、西南师大版和浙教版等诸多国内新课程实验教材发现，只有人教版教材单独安排了《四边形的认识》这节课。经过研读人教版教材中与四边形有关知识的编排后发现，这与人教版教材自身编排序列有关。在平行四边形和梯形认识之前，单独编排《四边形的认识》一课，可以看作是学生认识平行四边形和梯形之前的准备课，体现了人教版教材"步子小、有梯度"的编排特点。又因为在人教版教材四边形内容的编排中，学生在学习长方形周长、面积之前，没有相应教学长方形和正方形的特征的时间，在此安排这节内容，也弥补教材"四边形内容序列"编排上的缺陷。

基于此，笔者以为，《四边形的认识》一课的目标定位不应仅仅是四边形基本特征的学习，也不是简单的"把图形分分类"，它还承载着以下两个方面的教学任务。

（1）初步体验认识图形的方法策略。

从人教版教材的编写情况来看，"图形的认识"除了一年级初步接触一些之外，系统认识是从三年级上册《四边形的认识》开始的。因此，本节课既要在理解和掌握四边形特征等知识要点上有所收获，又需要给学生以学习方法上的引导。于是，引导学生体验从"角"或者"边"的角度来认识图形的特征，是一个必不可少的教学目标。

（2）基本掌握长方形和正方形的特征。

因为长方形、正方形基本特征的理解和掌握是学生后续学习长方形、正方形的周长、面积等相关内容的基础，而教材对此又不再单独编排相应的教学时间，于是，在本节课中结合四边形基本特征的学习，对长方形、正方形的"边""角"的特征作进一步认识，也就显得很有必要了。而这些知识要求，也正是四边形特征认识的重要内容之一。

三、教学实践

有了以上的认识后，笔者对本节内容进行了重新设计，并进行了教学实践。教学过程主要通过"分一分""搭一搭"两个活动来展现。

1."分一分"

本活动预设分为三个层次：

层次一：第一次"分"，找出四边形。通过对四边形的确认，初步得出四边形的基本特征是四条直的边和四个角。

层次二：第二次"分"，把四边形分分类。引导学生思考从哪个角度来观察图形。从"角"的观察角度入手研究四边形，可以发现有些四边形的四个角都是直角；从"边"的观察角度来研究四边形，则发现有些四边形的边是相等的，有些则不相等。无论是从"角"还是从"边"的角度来分析，都会发现以前学过的长方形、正方形是一种特殊的四边形。

层次三：抓住学生分类过程中分成三类的成果，作进一步梳理，引导学生体会长方形、正方形的联系和区别。当然这是一个机动的层次，看学生学习过程而定。

（1）第一次"分"：找出下面图形中的四边形。

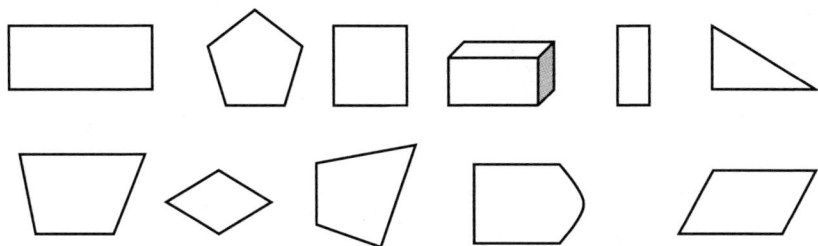

问：观察 11 个图形，哪些是四边形？为什么？

学生自由观察，并把序号写在自己的本子上。反馈时，先找出四边形，然后说明哪些图形不是四边形，把不是四边形的图形隐去。

问：这些图形都是四边形，它们有什么共同特征？

得出：四条直的边，四个角。

（2）第二次"分"：把四边形分分类。

师：这些虽然都是四边形，但它们的形状一样吗？（不一样）你能把这些四边形分分类吗？请你试试看。

学生活动后反馈（先反馈分成两类的）。

结果一：

四个角都是直角的　　　　　　　　　　没有直角的

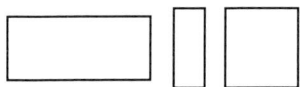

师生共同确认这是根据角的特点来分的。

师：第一类中的四边形，同学们都认识吗？原来是老朋友了，这里有——（长方形、正方形）

师：长方形和正方形原来都是四边形中的一种。它们是怎样的四边形呢？（四个角都是直角的四边形）

结果二：

有相等边的　　　　　　　　　　　　没有相等边的

师生仍然共同确认这是根据边的特点来分的。

师：第一类图形中，哪些边是相等的？分别是什么四边形呢？

（3）第三次"分"：分成三类的展示交流。

结果三：

再次确认是根据边的特点来分的。

师：在四边形中，最多可以有几条边相等？（这些分别是什么四边形？）

2."搭一搭"

本活动的意图在于，通过先想后搭的"搭四边形"活动，引导学生再次想象各种四边形的特征，在巩固对四边形特征的认识的同时，帮助学生建立各种特殊四边形的空间表象。

材料：10cm 的黄色小棒、7cm 的红色小棒、4cm 的蓝色小棒各 5 根。

呈现任务：选择相应的小棒，搭四边形（要求：先想后搭）。

（1）任务一：搭一个四边形。

（2）任务二：搭一个长方形。

（3）任务三：用四根长度相等的小棒，可以搭出怎样的四边形？

任务一，指名学生口答完成。适时提出问题：老师随便抓 4 根，可以搭吗？学生答后操作验证。

任务二，先请学生把选择好的小棒写下来后再交流。交流时关注学生的搭法：两两相等的小棒是否作为对边？再请学生在展台上演示搭的过程，并请学生评判，强化对长方形对边相等及四个角都是直角的理解。

任务三，请学生思考后口答。然后实践验证，旨在引导学生关注角的度数，关注菱形和正方形这两种特殊四边形的关系。

四、教学反思

与前三节课的教学相比，笔者认为自己的实践已经从以"知识技能"为主要目标的教学，转向了努力体现"数学思考"价值的教学，教学过程更在意学生的"数学思考"。具体可以从以下两个层面来解读。

1. 突出了从一般到特殊的认识过程

我们知道，各种四边形间既有并列关系，又有包含关系，是很难用两分法或三分法就能够完成分类的。因此，本节课中的分类，不能说是一个严格意义上的分类。课中的"分类"应该只能作为一种学习策略来应用，认识图形的特征才是根本。于是，引导学生找"分"的依据，借助"分"的依据，在掌握四边形基本特征的基础上，认识一些四边形的特殊性，让学生体验这个从一般到特殊的认识事物的方式，显得尤为重要。

在教学过程中，当学生分好后，有意识地进行追问："它们是怎样的四边形？""这些分别是什么四边形？"……意图在于引导学生进一步认识特殊四边形的特征。

2. 关注图形认识中学生空间观念的培养

《课标·实验稿》在"课程目标"里指出，"空间与图形"的"知识与技能"目标是"掌握空间与图形的基础知识和基本技能"，"数学思考"的目标则是"丰富对空间和图形的认识，建立初步的空间观念，发展形象思维"。显然，空间观念的培养是图形认识的重要目标之一。前面谈到的三节课中，明显弱化了这一目标的设计。笔者在实践中，则通过组织"搭一搭"这个活动，组织学生想象和验证，突出了这一教学目标。

课堂上，学生操作时，有学生禁不住喊出了："斜了！斜了！"这正好体现了"先想后搭"活动既是引导学生对各种四边形特征进一步认识的过程，同时也是一个帮助学生的认识水平从形象上升到抽象，又从抽象转化为直观的过程。这样的教学过程，无疑有利于在引导学生关注图形之间联系的同时，培养他们的空间观念。

5 学生是怎样建构数学模型的

——听《认识东南西北》一课引发的思考

在一次常规调研中，听一位教师执教了人教版课标实验教材三年级下册《认识东南西北》一课。本节教学内容主要由两个例题组成。

例1呈现的是学生在操场上辨认东、南、西、北四个方向的活动情境，旨在引导学生"在已有的生活和知识经验的基础上，根据学生自身的方位来形成辨认东、南、西、北这四个方向的技能，并感受数学与现实生活的密切联系"。

例2呈现的是学生完成校园示意图的活动情境，意在引导学生"在图上表示各建筑物的位置关系"，并通过交流"知道地图通常是按上北下南，左西右东绘制的"。

这位教师教学例1前，作了三个层次的铺垫：

层次一：请学生根据太阳升起的方位来唤起生活中对"东南西北"四个方位的认识经验。

层次二：在确认黑板的位置为"东"，并贴了"东"这个方位后，请学生说说其他三个方位分别在哪里。根据学生的回答，在黑板上直接呈现右图。

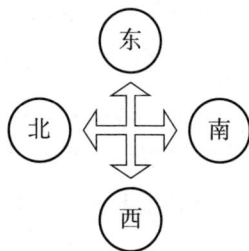

层次三：请学生起立，根据教师说的方位转动身体面朝相关方向，加深认识。

在此基础上，呈现例1，展开教学。

笔者认为，这样的教学设计在充分利用学生熟悉的生活场景作为教学资源，唤起学生直接经验方面是合理的、有效的，但在从生活场景转换成书面表达的过程中，教师没有给学生留下足够的探索空间，基本是以告知的方式呈现结论，强调了对知识结论的机械记忆，降低了学习过程的思维含量，这对学生经历"东南西北"从生活场景到数学表达的数学化过程是不利的。由此，引发了笔者的深入思考。

一、从生活场景到平面表达，其实是一个建构数学模型的过程

据笔者了解，对于三年级的学生来说，在一个具体的生活场景中，只要找到某一个参照物，如"太阳从东方升起""树的年轮密的方向是北面"等，学生还是能够辨认"东南西北"四个方向的，其在生活中已经积累了一定的感性经验。然而，当需要把一个生动的立体的场景绘制在一个平面上，要求学生以数学的眼光来认识"东南西北"四个方向时，却存在着一定的困难。因为在这个过程中，需要学生经历两个层次的策略转化：一是从生活场景中的"前后左右"的相对性，转化到书面表达时纸面上的"上下左右"的相对性；二是从生活场景中"东南西北"的顺时针旋转方式辨认，转化到书面表达"东南西北"顺时针旋转确定方向时方法的应用。

我们知道，数学学习其实是一个数学化的过程，《课标·2011 版》同样将模型思想作为数学课程内容的一个重要部分，因此，在学生数学思维的发展过程中，数学模型建构的能力成为一项不可或缺的组成部分。无论是数的认识、形的感知，还是规律的探究，均可以引导学生以数学的思想方法来表达、解决问题，形成数学的思维结构，建立数学的意识状态，建构起一定的数学模型。学生对"东南西北"等方向的认识同样如此，从具体生活场景转化到书面表达时，其实质同样是一个数学化、模型化的过程。学生也唯有经历这样一个过程，才能将生活场景中对"东南西北"四个方位的认识经验用到数学问题的解决上来。

二、学生是怎样建构数学模型的?

《课标·2011版》提出,建立数学模型的过程可以是,从现实生活或具体情境中抽象出数学问题,用数学符号表示数学问题中的数学关系和变化规律。那么,在实际的教学中,学生能不能完成从"东南西北"四个方位的认识到构建数学模型的过程?如果能,又需要通过怎样的路径来实现这一过程呢?笔者认为,拉长探索书面表达"东南西北"四个方向的"图示"(如本文开头的图例)的过程,在充分唤起生活中对"东南西北"四个方向的辨认经验后,经历一个对书面表达的自我探索过程,是实现这个目标的基本途径。笔者认为,引导学生经历作业纸上尝试表达"东南西北"的图示,需要三个层次的认识活动作支持。

一是激活思维。学生虽然有对生活场景中"东南西北"四个方向的辨认体验,但接下来的任务是把生活场景中的"东南西北"四个方向表示在作业纸上,这是一个具有一定挑战性的学习任务,需要激起学生思考,调动其学习的注意力与积极性。

二是体验过程。从生活场景中借助直接经验认识"东南西北"四个方向,到平面表达"东南西北"四个方向的位置关系,这是两种不一样的认识方式。一种侧重于直观感知,有时可以借助于直接的操作活动,是一种直观形象的学习过程。而书面表达更多地依赖于思维抽象,需要学生把直观感知的信息转换成数学符号,特别是需要借助平面上的"上下左右"与生活场景中的"东西南北"的对应关系,才能准确地完成任务,在认识要求上,远远高于生活场景中的认识。因此,对转化过程的体验是学生必须经历的过程。

三是形成经验。因为有学生的自我探索,将会产生丰富的学习材料,而这些材料正是学生原始思维状态的暴露,是学生自我认知经验的产物,这不仅可以为后续教师的有效引导提供依据,同时也为学生形成活动经验提供保证。

三、数学模型建构中，教师需要给学生提供怎样的帮助？

对三年级的学生来说，他们对"东南西北"四个方向虽然有一定的生活经验，但"东南西北"等方位概念还是比较抽象的，需要大量的感性支持和丰富的表象积累。因此，教学中，教师在引导学生经历数学化的过程时，还是需要给学生提供适时、适度的帮助的。

（一）在提出书面表达的要求前，利用丰富的生活场景引导学生充分经历

从教材的编排来看，例1的教学任务是"使学生认识东、南、西、北四个方向，能够用给定的一个方向辨认其余的三个方向，并能用这些词语描述物体所在的方向"，直至例2才有书面表达的要求。因此，教师在组织教学时，如同例1对生活场景解读的教学环节还得拉长，可以多形式组织学生说说生活场景中的"东南西北"，如：说说教室里的"东南西北"以及"东南西北"各个方向上的物品；结合学生的经验想象校园中的"东南西北"以及不同方向上的建筑物；体验以自身为标准，说说处在自己"东南西北"方向上的同学；等等。这些活动的组织，旨在引导学生充分经历"东南西北"等方向的辨认体验，帮助学生积累丰富的感性经验，从而为后续书面表达作准备。

（二）借助书面表达情况的反馈交流，在关注多样性的同时引导学生归纳一般规律

当学生尝试完成了以某一个方位为标准的"方位图例"之后，组织学生交流（此时的交流一般先反馈正确的情况）。一般会出现下页图中的四种情况（不足四种也可）。

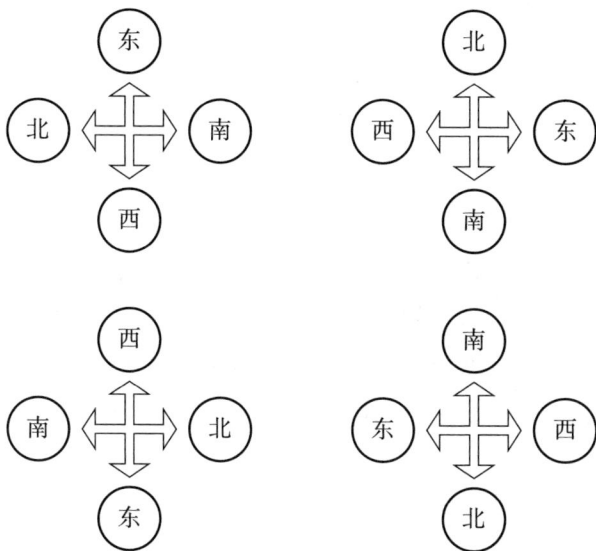

对于这些结果，不能仅仅简单地反馈"对"或者"错"，而要引导学生对这些图例作对比解读，请学生整体观察后说一说，方位图中隐藏着怎样的规律，旨在让学生发现：无论哪一幅图中，"东与西""南与北"均是相对的；"东南西北"四个方向可以按顺时针方向来辨认，即当我确定了"东"之后，顺时针辨认依次为"南""西""北"；同理，当我确定了方位"南"之后，顺时针辨认依次为"西""北""东"等。当然，此时也需要对由学生结合自己的经验形成的观察记忆方法作出肯定。比如当学生以自己面朝的方向为起点，他会说："当我面朝'东'时，我的右面就是'南'；当我面朝'南'时，我的右面就是'西'；当我面朝'西'时，我的右面就是'北'。"这样表达显然是学生自己最能理解的，是其自身认识经验的提炼，值得肯定。教学也只有引导学生达到这样的认识层次，才能认为基本建构起了"东南西北"的数学模型。

（三）提供多样的场景，加深对"东南西北"四个方位的认识

当学生初步建立了"东南西北"四个方向的概念之后，教师还需要提供一些场景进行巩固提升。如例2那样的内容，根据实际场景在图纸上表示相关物体及所处的方位。请学生完成后交流，抓住"东南西北"表示在图例中

时的相对性及"顺时针方向的辨认规律"等知识的体验进行强化，加深认识。至此，再来说明"地图通常是按上北下南，左西右东"这样的方位顺序来编制的常识，并结合学生生活的城镇地图，请学生以某个场所为标准去说说不同场所所在方向，就此巩固认识。

以上是笔者就《认识东南西北》一课中"从生活场景到平面表达"这样一个教学环节的设计所进行的思考。而类似于"东南西北"这样生活气息很浓的教学内容，在小学数学教学中还有不少。因此，在处理设计这类教学内容时，我们需要思考"如何调动学生思维的参与与活动经验的数学化提炼，引导学生完成数学化、模型化的过程"等基本问题，最终更好地为学生形成数学经验服务。

⑥ 先试后导，依"学"施"教"

——一年级《找规律》教学的听课所思及其实践改进

一、缘起

在一次教学调研中，连续听了 6 位老师执教人教版课标实验教材一年级下册的《找规律》一课（如下页图）。几位老师的设计思路基本相同，均按照"观察—交流—归纳—应用"的教学路径推进；学习材料的选择也几乎相同：用教材主题图作为观察、交流的主要材料。另外，在对"重复排列规律"中"重复单位"的图形数也不约而同地选择了"2 个图形 AB 式"和"3 个图形 ABC 式"的重复排列，基本没有出现其他的样式。几节课听下来，笔者明显感觉到几个共性问题：一是起点过低，步子过小；二是学习材料不够丰富；三是学生自主空间小，学习过程思维挑战性不强，数学思考性不足。造成这些问题的原因可能有很多，但笔者认为，主要原因还是教师对学生已有"重复排列规律"的认识基础缺乏足够的了解。

对学生而言，本课内容的学习起点到底在哪里？怎样的目标定位对于一年级学生来说是适宜的，是能体现找规律学习的价值的？笔者带着以上问题，对本节内容进行了教学研究与实践。

18 找规律

1 后面一个应是什么？

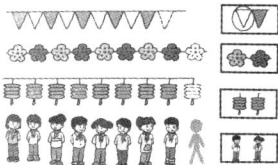

2 摆一摆。

88

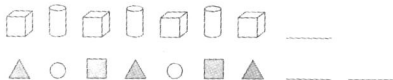

二、学习基础分析与教学策略思考

本节课的主要内容是结合观察一些生活中的简单重复排列现象，认识并初步归纳"简单重复排列规律"的特征。在设计本节内容的教学方案前，笔者翻阅了幼儿园的一些教材，也咨询了几位幼儿教师，了解到孩子在学前教育期间，已经积累了丰富的 AB 式和 ABC 式（或 ABB、BAB 等变式）重复排列规律的感性经验。因此，本节课的教学仅仅以观察入手，起点偏低了，且在后续学习中也仅仅停留于以 AB 式和 ABC 式重复的材料作为认识、归纳、应用重复排列规律的材料，显然也不够丰富，不足以支撑规律模型的建构提炼。那么，怎样的教学组织才能够改变这种状况，让学生的学习更富数学味与挑战性呢？"先试后导"是笔者首先想到的教学策略。

所谓"先试后导"，简言之，即为先"尝试"后"引导"：先由学生根据自己的认知经验，画出一组具有简单重复排列规律的图形，然后教师结合学生自己设计的材料组织学生讨论分析重复排列规律的特点，最终由学生自主归纳规律的特征。笔者认为，与仅仅用"观察—交流"的教学设计相比，"先试后导"的教学过程有着两个方面的价值：

"试"的价值：既能放手让学生自主思考，又能引导学生充分展露认知经验。

学习的开始，请学生尝试画一组具有"重复排列规律"的图形（或者符号、数字）。对于学习个体来说，每个孩子的"试"其实都需要对观察到的规律特征作出分析、提炼甚至内化。这是基于学生之"思"的学习活动，能够充分展现其前概念的认知特点，并为后续有效思维提供一个自主尝试的机会。对于学习群体而言，"试"的过程还能反映出学生个体对学习内容理解的不同水平，表明了后续研究交流的必要性，同时也为后续学习交流提供丰富的、多层次的讨论材料。

"导"的作用：既帮助学生完善规律认识，又让学生经历规律模型的建构与解构，深刻认识规律的特征。

实践时，"导"体现为两个层次：一是引导学生通过"辨"，深化对规律特征的认识，突出"学"的生长性；二是组织学生结合"用"，认同规律学习的价值，体现"教"的必要性。一"辨"一"用"，是引导学生经历规律模型建构与解构的认识过程，对深刻认识规律提供保障。当然，在实际的教学过程中，需要把握从 2 个图形重复排列到 3 个、4 个甚至 5 个、6 个图形重复排列规律的认识，使学生的经验逐步得到丰富，也为其归纳规律特征奠定基础。另外，还需要有调动起学生自主探究的欲望、选择有层次的材料引导学生探究、提出具有数学思考价值的问题引导学生思考等三个教学推进环节，更好地实现"导"的功能。

三、教学过程设计

（一）游戏引入，激发尝试设计的兴趣

课始，采用记忆游戏，唤起学生对"重复排列"图形（或图案）中规律

的原有认知经验。

操作方法：借助媒体逐一呈现以下三组图形，每组图形在屏幕上出现3秒后消失，随即请学生说说刚才屏幕上出现的是怎样的一组图形。三组图形中，前面两组图形是按"重复排列规律"排列的，第三组则不按规律排列。

第一组：■ ● ● ■ ● ■ ● ■ ●

第二组：▲ ■ ● ▲ ■ ● ▲ ● ▲ ■ ●

第三组：▲ ▲ ● ■ ■ ● ● ▲ ● ■ ■ ▲

活动后，请学生围绕"记忆的难易"，谈感受，说体会，找原因。最终得出：按一定规律排列的那两组图形容易记，没有按规律排列的那组图形不容易记。

（二）自主尝试，引导探究规律的特征

引语：图形按一定的规律排列记起来容易，那你能不能画一组有这样的排列规律的图形呢？试试看吧。

学生自主尝试后，组织反馈。反馈时抓住以下三个关键要点：

（1）材料呈现的顺序体现先简单后复杂、先正确后错误的过程，用足用好来自学生的学习材料。反馈时分四步：首先呈现 AB 式，接着呈现 ABC 式（或 AAB，或 ABB 也可），第三步呈现其他形式的（4 个一组的，或 5 个一组的，或更多的），最后呈现一些错例。

（2）提出启发思考的问题。针对 AB 式材料的问题：你画的图形的规律是怎样的？请画的孩子直接来说明。针对 ABC 式，可请其他学生来观察描述这位孩子画的图形的规律，然后请画的孩子来点评。而到了描述 4 个或 5 个图形为一组重复排列的规律时，因为表达起来有困难了，此时可提出这样的问题：像刚才那位同学讲的话越来越啰嗦了，有没有既简单又能说清楚规律的说法呢？即引导讨论如何来表述规律。而针对错例可这样来提问题：为什么这样画没有规律？怎样改一下就可以让它变得有规律？

（3）引导观察板书，归纳提炼规律。这是本节课的关键环节，是引导学生对重复排列规律从原有直观认识水平上升到初步抽象水平的重要环节。此时黑板上有 4 到 5 组按"重复排列规律"排列的图形（AB 式，ABC 式或

ABB 式，4 个图形一组的，5 个或 6 个图形一组的)。提出问题，引发思考：这几组图形不一样，你们都说是排列得有规律的，它们的规律有什么相同的地方呢？请学生小组讨论交流后，师生共同小结归纳规律的特征：以一组按一定顺序排列起来的图形重复出现。当然，在实际教学中，不要求学生作这么规范的表达，只要有这个意思就可以了。

（三）应用体验，强化对重复排列规律的认识

练习一：选择题。(要使下面每行图形排列得有规律，你觉得在横线上应该选择几号图形？)

（1）★ ○ ★ ○ ★ _____
　　①★ 　　②● 　　③○

（2）● ○ ○ ● ○ ○ _____ ○ ○
　　①● 　　②● 　　③○

（3）□ △ △ □ _____ △ △ △ △
　　①□ 　　②△ 　　③▲

练习二：游戏题。(你能用另外的方式来表示以下规律吗？)

□ △ △ □ △ △ □ △ △

练习三：应用题。(以下面的图形为一组，有规律地排列一行图片。这行图片的第 6 个图形是什么颜色的？第 9 个呢？)

● ○

四、教后反思

为了能更加真实地反映教学设计是否可行，检验本设计是否具有普遍适用性，笔者就本节内容选取了城镇实验学校、城乡结合部学校、农村学校各

一所进行了教学实践。从课堂实践发现，三所学校的孩子通过导入部分"记忆游戏"对第一、第二组材料中"重复排列规律"的感知，在回忆画"重复排列规律"的图形时，正确率高达90%，且在画的过程中，有17.8%的学生能够创造性地完成，画出4个、5个甚至6个图形为一组重复排列的图形。城乡学校学生之间虽存在一定的差异，实践表明，对此类图形"重复排列规律"的特征，三所学校的孩子在学习之前经验是充分的，足够支持后续的学习的。"先试后导"的教学组织，使课堂上学生的"学"与教师的"教"更具张力。

实践中，本节课教学与传统课堂最大的不同，是让孩子感知规律后，尝试去画出有这种规律的一组图形，意在唤起学生原有的认知经验。这一过程不是一个简单的模仿的过程，而是需要学生有思维的介入，即需要学生思考在刚才的记忆游戏中，第一、第二组图形的规律有什么特征。学生也唯有在真正地思考并初步对这组图形排列规律的特征有所把握的基础上，才能正确地画出相关的图形。同时，很多孩子画出的图形与刚才记忆游戏中的图形是不一样的，此过程又需要通过思考进行转化，思考新的图形应该怎样排列才符合记忆游戏中图形的排列规律。当然，那些能够用4个、5个甚至6个图形来表示重复排列规律的学生，可以肯定地说，他们对"重复排列规律"特征已经具备了较高的理解水平。

课堂上，教师又通过引导学生参与"辨""说""理"的过程，让学生的认识水平逐步从AB式重复和ABC式重复，上升到"4个图形为一组"或者"5个图形为一组"的认识，从更高位理解了"重复排列规律"的特征，充分体现了学习过程的生长性。

1 借助多元表征，发展数学思维

——由"有序思考"的教学实践引发的思考

"有序思考"是数学思考的重要方式，在小学数学许多知识内容的教学中有所涉及与渗透。人教版课标实验教材二年级上册的《数学广角——简单的排列》一课，便是一节典型承载着"引导学生进行有序思考"的教学内容。只不过在实际的教学中，教师是否对"有序思考"的内涵真正理解，设计的教学活动是否真正有利于学生把握"有序思考"的核心要义，值得我们一线教师深思。

一、缘起

笔者参加了一次小范围的课堂教学评比活动。参赛的五位青年教师都以《数学广角——简单的排列》这节内容为主题进行了课堂教学展示。据组织者介绍，这次活动的展示内容是提前一个月告知给每位参赛教师的，其目的在于允许参赛教师所在的学校组织校内的骨干教师共同研究这节课，为提升青年教师的课堂教学水平提供平台。这样看来，本次竞赛环节的课堂教学展示，不仅体现了参赛教师一个人的设计理念，还反映了参赛教师所在学校数学指导团队对这一节内容的理解与设计理念。

听过五位老师的课后，从基本的教学过程来看，这些青年老师还是能够把握住本节内容的基本目标的，即：引导学生通过摆一摆、写一写等活动，研究三个数字的"简单排列"问题，体验有序、全面地思考问题的过程，积累起一定的数学活动经验。几位老师的教学流程设计也基本相同，大都由三个环节组成：出示例题（2 个或 3 个数字组成两位数，有几种结果）—巩固练习（教材"做一做"，涂色练习）—小结拓展（延伸）。如果要说不同的话，无非是选择的情境略有不同罢了，有的用童话故事串联整节课，有的则用现实生活问题作为承载知识要点的材料。在主体环节的研讨中，几位老师也都不约而同地引导学生借助表格进行探索，感受"全面、有序地解决问题"的过程。

18 数学广角

1

用①、②能摆成几个两位数？用①、②、③呢？

做一做

用 ■、■ 和 ■ 3 种颜色给地图上的两个城区涂上不同的颜色，一共有多少种涂色方法？

北城	南城

当然，笔者听过几位老师的课后，有一种意犹未尽的感觉：在"简单排列"教学中，引导学生进行"有序思考"，是一个重要目标，但是"有序思考"的表征方式是不是仅仅在表格中呈现出来就算达成目标了呢？几位老师采用的"明于表格，止于表格"的处理，对学生形成"有序思考"的活动经

验就足够了吗？还有没有需要进一步帮助学生丰富"有序思考"经验的方法与手段呢？带着这些问题，笔者试图对本节课中渗透"有序思考"的教学定位进行深入的分析与解读。

二、对《数学广角——简单的排列》一课中"有序思考"的教学定位的解读

在笔者看来，《数学广角——简单的排列》一课，感受"有序、全面地思考"是学生学习这节课的重要目标之一。但在教学过程中，对"序"的体验，则需要有丰富的活动和多元的表征作支撑，即教师在教学中除了设计操作性的活动（如摆、写、填表等），更需要引导学生进行数学化的表征，才能让学生深刻体会"有序思考"的数学思维价值。

笔者以为，这一课中"有序思考"的"序"应该表现为两个层次：第一层次的"序"是指全面、完整地呈现所有结果时体现出来的"序"；第二层次的"序"则是指简约、结构性地呈现出结果时的"序"。相比较而言，第一层次的"序"是学生感受"有序思考"的基础，第二层次的"序"则是学生思维发展的要求，也是数学学习需要实现的目标。具体作如下阐述。

层次一："不重复、不遗漏"地呈现全部结果。

"有序思考"作为一种思考解决问题的方式，学生对其学习价值的直接体会是解决问题的过程中"不重复、不遗漏"。有些学生在解决问题时，因为没有运用"有顺序地写"，造成写出的数据不全，或者出现了重复的数据等，而那些采用一定规律（即有顺序）写的学生，则很好地避免了"重复"与"遗漏"等问题的出现。通过比较，学生也不难体会，"有顺序地写"这种方法比较好。

结合实际的教学，特别是在教师提供了表格的情况下，学生还是能够比较容易想到用这种"有顺序地写"的方法的。我们不妨来看看课堂上学生的表现。

教师呈现问题"用1、2和3组成两位数，每个两位数的十位数和个位数不能一样，能组成几个两位数？"后，引导：请你用数字卡片摆一摆，然

后填在表格中。反馈中，除了出现一些比较凌乱，无序呈现的学生作业之外（在有些课上，这种情况出现得也不多），基本有以下三种典型情况：

方法一：交换位置法　　方法二：固定十位法　　方法三：固定个位法

十位	个位
1	2
2	1
1	3
3	1
2	3
3	2

十位	个位
1	2
1	3
2	1
2	3
3	1
3	2

十位	个位
2	1
3	1
1	2
3	2
1	3
2	3

实践告诉我们，只要给学生足够的时间，以上三种情况都会出现。教学中，几位教师也都有意识让学生去给这些方法"取名字"，如方法一叫"交换位置法"，方法二叫"固定十位法"等，目的是进一步加深印象。

笔者认为，从"序"的初步感知而言，这是学生必须经历的层次。正因为学生有了对这些材料的讨论，能够自然体会到"有顺序地去思考"问题的价值，做到"不重复、不遗漏"。当然，这个层次只是学生对"有序思考"的初步感受而已，是直观经验积累的过程而已。对"有序思考"更深层次的体验，则需要有第二层次活动的跟进。

层次二："简约而又结构化"地呈现全部结果。

"有序思考"的第二个层次，便是引导学生简约而又结构化地呈现全部结果。这也是几位教师在教学本节课中相对薄弱的部分。从本节课对"有序思考"的教学定位来分析，引导学生仅仅能够完整地呈现所有数据，是不够的。当学生体会了"有顺序地分析与思考"问题，得到所有结果之后，接下来需要引导学生进一步探讨：呈现全部结果，除了一个不漏地完整写出来之外，还有没有其他表示的方式呢？

因此，教师在教学中可以提出这样的问题：我们除了用表格呈现结果之外，还有其他既简洁又清楚的方法吗？显然下面的几种方式是需要在接下来的教学中去发现与组织交流的。

比如"固定十位法"，我们可以这样来表示：

比如"固定个位法"，我们同样可以这样来表示：

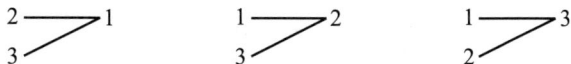

当然，"交换位置法"同样可以用结构化的图示来表示：

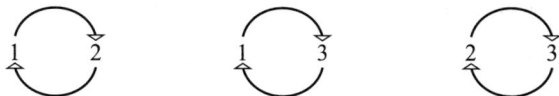

这个过程中，不期望一下子能够呈现所有情况。事实上，课堂上只要出现一种图示结果，即可以引导学生与前面的"表格法"进行比较。比较的过程，不仅可以让学生体会"图示法"的简洁性、结构化，体会"固定的数字"与"变换的数字"间的关系，更大的意义则是让学生体会这种方法的"生长性"。也就是这种方法既能够比较直观清楚地表示出"从三个数字中选择两个数字组成两位数时，每个数字固定在'十位'上后，出现两种结果"的过程，又能够为直接推进到"从四个数字中选择两个数去组成两位数"的问题，引导学生充分感受同样"固定一个数字"时，因为有另外"三个数字的变换"，所以会出现三种结果的过程，从而引导学生从"排列"的本质上进一步体会、积累起相应的数学活动经验，为后续进一步学习奠定基础。从"完整呈现所有结果"到"结构化呈现所有结果"，是数学教学中引导学生数学思维发生发展的关键，也是数学学习应切实追求的目标。

三、体现"以多元表征丰富学生'有序思考'活动经验"理念的《数学广角——简单的排列》一课的教学活动设计

有了以上的解读与思考，笔者认为《数学广角——简单的排列》一课的

教学，核心活动的设计由以下三个环节组成。

环节一：自主探索，尝试解答问题，初步感知"有序思考"的特点。

谈话创设情境，提出问题：用1、2和3组成两位数，每个两位数的十位数和个位数不能一样，能组成几个两位数？

要求学生直接在练习纸上尝试写。当学生有了一些结果后进行反馈。反馈时，先反馈"无序"的（可能出现"重复"与"遗漏"的现象），然后再反馈"有序"的（教师不提供表格，而是请学生说明写的过程）。

接着组织讨论：第二种方法是怎样做到"不重复、不遗漏"的？引导学生体会"有顺序地写"的优势。

环节二：呈现多种方法，进一步体会"有序思考"的价值。

当学生体会到"有顺序地写"的方法能够更好地做到"不重复、不遗漏"地写出所有结果后，追问：有没有同样的有顺序地写，但想法又是不一样的呢？

结合学生的材料，呈现三种典型结果：固定十位法、固定个位法和交换位置法等（根据课堂生成而定，如只出现两种也无妨）。

这个环节的目的，是让学生充分感知，写法虽然不同，只要是"有顺序地写"就能做到"不重复、不遗漏"地写出全部结果。

环节三：引导多元表征，感受数学结构化方法的"生长性"，发展数学思维。

这个环节的教学路径可以有两条：一条是从"纵向"上，增加数字的个数，引导学生感受用"数形结合"的方式记录与表达的过程。可设计这样的问题：刚才我们用1、2和3这三个数字组成两位数，现在老师增加一个数字，用1、2、3和4这四个数字，再去组成两位数（要求相同），这又能组成几个两位数呢？看谁能解答得既对又快。

通过这个问题的解答，引导学生在原来的基础上，思考记录方法的形象性和简洁性。并且通过对右图这样的表达方式（"固定十位法"的表示）的讨论，结合"数形结合"的背景，深刻体会"序"的内涵。

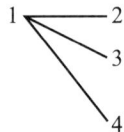

另外一条路径是从"横向"上变化问题的情境，同样让学生体会数学

"简洁地"记录与表达的重要性。可将课本上的"做一做"作为练习，引导学生经历先"固定一种颜色"再"变换另外两种颜色"的记录过程，或者用"三位小朋友两两拍照"的情境，引导学生经历"先固定一位小朋友的位置再变换另外两位小朋友的位置"的记录过程，从而切实体会"有序思考"的数学化表征，形成更为丰富的"有序思考"的数学活动经验。

总之，《数学广角——简单的排列》一课中，体验"有序思考"既然作为一个重要的学习目标，就需要教师在教学中，引导学生有更为多元的表征，才能为学生的思维发展提供更丰富的经验积累。

8 以编带理，学生经验唤起的自主建构

——关于《9 的乘法口诀》的教学设计与思考

一、《9 的乘法口诀》教学可以承载怎样的学习目标?

在一次教学调研中，听一位教师执教了人教版课标实验教材《9 的乘法口诀》一课，教学过程大致分为四个环节:

环节一:根据情境列出算式，编制口诀。以教材主题图中的情境"赛龙舟"为材料，首先呈现 1 条龙舟，请学生根据情境列出算式:1×9 和 9×1，说算式意义，并编一句乘法口诀:一九得九。接着，呈现 2 条龙舟，列式 2×9 和 9×2，说算式意义，编口诀:二九十八。然后呈现 3 条，同样是列式，编口诀。

环节二:试编关于"9"的其他乘法口诀。学生自主编制了四九三十六、五九四十五……九九八十一等口诀。完成后，读口诀，对口诀。

环节三:记忆口诀。以看算式、想口诀，找规律、记口诀，看数字、想口诀等方式，帮助学生记忆口诀。

环节四:写算式，用口诀计算。请学生观察一组图形，然后写出算式 7×9，并说说用了哪句口诀。

分析以上教学过程，可以明显感觉到，教师虽然设计有口诀引出的活动，但教学重点落在口诀的记忆上。分析这几个教学活动，三个问题值得探讨:一是根据情境列式后说口诀，教学起点是否过低了?这样的学习活动由于思维挑战性不强，不利于激起学生探究的欲望。二是学习空间是否过小

了？从口诀引出到编制，再到记忆，直线推进，更多是在师生的一问一答中完成的，学生随着教师的思维转，独立思考的机会和空间不足。三是教学目标定位是否偏颇了？将更多的时间花在口诀记忆上，虽方式多样，但机械记忆的味道过重，不利于"乘法口诀"的意义建构。

从人教版教材的编排来看，在《9的乘法口诀》之前，学生已经学习了《5的乘法口诀》《2、3、4的乘法口诀》《6的乘法口诀》《7的乘法口诀》和《8的乘法口诀》等几节内容。因此，对于学生而言，无论对口诀的形成过程，还是口诀意义的理解，已经积累了较为丰富的学习经验。作为口诀学习的最后一节内容，应该在关注口诀产生和意义理解的同时，将重点放在引导学生进一步体会"乘法口诀"与"10以内两数相乘"的乘法运算间的关系，丰富"乘法口诀"学习的基本活动经验上。具体可以细化为以下三个层次：

层次一：将口诀创编作为一种引导学生自我建构知识的手段，即结合口诀创编过程，在唤起学生口诀创编经验的同时，进一步丰富学生理解口诀内涵的经验。

层次二：将口诀理解的过程作为一种引导学生经历数学建模的过程，即结合口诀意义理解的过程，帮助学生积累建构乘法口诀模型的经验，发展学生的数学思维能力。

层次三：将口诀应用过程作为一种学生完成数学模型解构的过程，即结合口诀应用的过程，进一步丰富学生对"口诀—算式—情境问题"的沟通经验，培养学生解决问题的能力。

二、突出立体建构口诀意义的《9的乘法口诀》的学习活动该如何设计？

从以上分析可知，"理解口诀的意义"是《9的乘法口诀》教学的基本目标，但在引导学生理解意义的同时，引导学生深刻体会"乘法口诀"学习的意义，帮助学生立体建构"乘法口诀"模型，是本节内容教学更为具体而又重要的目标。反映在课堂教学中，也就是需要学生达到：知道某句口诀是在相应乘法运算基础上概括提炼得到的，且能体会到这句口诀承载着解答相关的乘法运算问题的作用。在实际教学中，我们可以设计成以下三个层次的学习活动。

活动一：创编口诀，初步认识"9的乘法口诀"。

导入：我们已经学过好多的乘法口诀，比如"7的乘法口诀"有哪几句？（请学生齐说一遍）"8的乘法口诀"呢？（同样请学生齐说一遍）

提出问题：前面学习了这么多的乘法口诀，还会有哪些乘法口诀？（"9的乘法口诀"）"9的乘法口诀"是怎样的呢？你会自己编吗？请试试看吧。

学生自主尝试编写"9的乘法口诀"后，组织全班学生交流，师生共同整理出与"9"相关的乘法口诀：一九得九、二九十八、三九二十七……九九八十一。

[设计意图：因为学生已经认识了"2"到"8"的乘法口诀，会读甚至会编制乘法口诀，所以本活动旨在通过复习"7"和"8"的乘法口诀，唤起学生对乘法口诀的认识经验，然后组织学生自主迁移方法，尝试编制"9的乘法口诀"，一则是放大给学生探索知识的空间，二来将形式（即文字）表达前置，改变以往"口诀"学习"先情境、列式，再编口诀"的一般路径，增强思维挑战性，激发学生的探究欲望。]

活动二：解释口诀，再现"9的乘法口诀"的现实意义。

请学生观察前面整理的"9的乘法口诀"，提出问题：同学们，我们已经知道了"9的乘法口诀"有九句，你们知道这些口诀又分别表示什么意思吗？

（1）组织讨论："三九二十七"表示的意义。

第一种理解是找到对应的算式，即：3×9 或 9×3。

第二种理解是解释算式的意义，即：3个9相加的和是27或9个3相加的和是27。

还有其他的理解方式的话，也可选择一些呈现。

小结："三九二十七"原来就表示3个9相加或者9个3相加的意思，也就是 3×9 或 9×3，结果是27。

（2）组织讨论："五九四十五"表示的意义。

由学生同桌交流，然后得出结论："五九四十五"表示的意思就是5个9相加或者9个5相加，也就是 5×9 或 9×5，结果是45。

[设计意图：解释口诀的含义，是理解口诀内涵的必要过程。本活动旨在引导学生通过解释乘法口诀的含义，帮助学生回归算式，回归乘法意义。当然，在活动推进中，不需要将每句口诀都这样去操作一遍，可选择部分口诀，引导学生经历这样的解释过程，形成口诀含义理解的经验。其他的口诀，应该在后续练习应用中，结合具体情境深入理解。]

活动三：应用口诀，立体建构"9的乘法口诀"的数学模型，引导学生在理解中加强记忆。

呈现以下图形，请学生思考并完成。

请学生列式解答。

当学生列出的算式是 3×6 或 6×3 时，追问：为什么这样列式？算的时候你又用到了哪句口诀？（可以看成是 3 个 6 相加，或者 6 个 3 相加。）

学生在回答时，请其用线圈出来，于是得到以下两种结果：

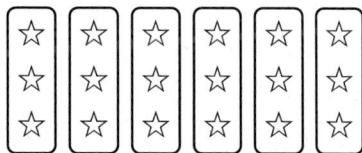

提出问题：除了列出这两个乘法算式之外，你还能根据这个图列出其他的乘法算式吗？你又会用哪句口诀？

当有学生列出 9×2 或 2×9 时，讨论：为什么还可以这样列式？算的时候又用到哪句口诀？（即可以看成是 2 个 9 相加）同样请学生用线圈出来，即得到下图：

[设计意图：口诀的应用是口诀学习的根本目的。但应用并不等于套用，技能应用同样需要有思考地"用"，灵活地"用"。本活动设计中，突出结合图形的算，一则强调口诀、算式与乘法意义的关系，二来也是帮助学生建构"乘法口诀"数学模型的有效策略，让学生能够真切地感受到，每一句"乘法口诀"都可以找到对应的算式与相关的图形来表征，"口诀"是解答乘法运算问题的有效手段。]

三、实践思考

以上教学过程，引出环节突出"编"中"理"，主体环节又特别重视"用"中"构"，具体可以从以下两个角度来说明。

（一）"编"中"理"，突出口诀意义理解的自主性

乘法口诀可以看作一种运算工具，它是人们对乘法运算意义充分理解及对"10以内两数相乘"的乘法运算技能高度抽象基础上的智慧结晶。因此，理解口诀的意义，不能仅仅停留于与相关乘法算式的联结，还需要回归到乘法运算的意义上。组织学生先尝试编制口诀，再解释口诀的意义，是突出学生自主思考的有效过程。例如，学生能够编制出"八九七十二"这句口诀，虽然有前面"7的乘法口诀"和"8的乘法口诀"等口诀形式的迁移，但他仍然需要具备用8×9或9×8解答问题的经历和在此基础上形成的对用8×9或9×8解答的问题特征的归纳，即：只要用8×9或9×8解答的问题，结果就是72，所以"八九七十二"表示的是"8与9相乘的结果"。

（二）"用"中"构"，突出技能学习过程的立体性

我们知道，用乘法口诀进行乘法运算，可以说是一种乘法运算技能的高度抽象。但技能习得并不只是依靠单纯的模仿与机械的训练，它同样需要学生"立体地建构"。对于乘法口诀来说，"立体"建构主要体现在三个层面：一是经历口诀形成过程，即有"从具体问题到归纳提炼"的过程；二是切实体会口诀意义的理解是一个需要回归乘法运算，乃至与解决的运算问题结合

起来思考的过程；三是会用口诀解决相应的乘法运算问题。如课中设计的关于"二九十八"的口诀应用教学，以"形"出发，引导学生经历了"图形—算式—口诀"的联结过程，体会应用口诀解决乘法问题的意义，同时也为学生记忆口诀提供直观支撑。

对于本节内容来说，也唯有关注了技能学习活动的立体推进，才是符合《9的乘法口诀》的教学定位的，是充分体现作为乘法口诀最后一节内容的学习价值的。

后记　三十余年，体味着研课的乐趣

整理本书，出于两个目的：纪念与梳理。

先来说说纪念——

自 1988 年 8 月正式踏上工作岗位，成为一名光荣的人民教师以来，到今年已有三十余年。对于人的一生来说，从 18 岁到 50 多岁，绝对是人生中最充满活力的年龄阶段，堪称人生的"黄金时期"。对于我来说，在这段"黄金时期"里，课堂教学的实践正是我成长的土壤，对课堂教学的研究正是我专业发展的重要基础。

在学校工作的 22 年自不必多说，无论在农村中心小学，还是在城市实验小学，每年至少任教一个班数学教学的经历，使我对小学数学课堂教学有着丰富的实践体验和感受。

成为教研员之后，我不但坚持时不时地"下水"实践一些课，而且对自身的课堂实践提出了更高的要求：必须是基于实践问题思考的、有主题的教学尝试与实践。同时，这些年间，让我有了接触更多教师的课堂教学实践的机会，如近十年的"千课万人"书面课评的角色，如省市区级课堂观摩研讨评点的角色等。担任课评角色的过程，其实正是一个迫使自己快速成长的过程。在评点的过程中，不但要有对课堂实践过程的密切关注，同时也需要有对课程理念的深入了解与把握；不但要有对所观察课堂中成功经验或教学问题的准确归纳与提炼，还得需要将这些经验或问题，通过通俗易懂的语言加以表达、呈现，以便为一线教师所认识、理解、把握和运用。正是这样的一些经历，不仅提升了我的观课水平，也大大丰富了我的课堂实践经验。本书中，许多课例正是来自这个时间段。整理这些课例，一则可以感受我的专业成长轨迹，二来对这几年来的课堂实践经历作一个纪念。

再来谈谈梳理——

自 1997 年撰写第一篇教学论文以来，至今已写有教学专业文章超过 400 篇，总文字量也已超过 150 万。这些文章，从写作的形式来分，有教学论文，也有课堂教学案例，还有教育教学随笔；从内容来分，有关于学科教学的，也有关于教学管理的，还有关于教育科研的。但围绕课堂教学研究与思考的文章，还是占了大部分。读着这些文字，当初写作这些文字时的场景不由自主地浮现在脑海里。

比如《数学模型思想及其教学策略初探》一文，就是源于一次不经意间执教的下水课《加法的认识》。上完这节课后，从学生对"加法"的认识过程想到了"数学模型"以及"模型思想"，也突然就有了一种由一节课整理一个课例，并由此围绕核心内容写作一篇论文的"一课、一例、一文"的教学研究思路。这篇文章在《小学教学研究（教学版）》发表后，又被人大书报资料中心的《小学数学教与学》全文转载。

比如《忽视"证伪"教学的原因及对策》一文，则是源于一次外出做模拟上课的评审时所产生的写作灵感。在那次的评审活动中，19 位报考教师的应聘者竟然有 18 位对教学中产生的"用邻边相乘来计算平行四边形面积"这样的错误方法不去深究错误原因，这是在新课程理念特别重视学生的思维发生发展过程的背景下，我所没有料到的。我意识到，关注错误资源的教育教学价值，重视错误原因的分析与探究，仍然是一个值得我们深入探讨的话题。于是，我翻阅了一些文献，查阅了一些资料后，写作了这篇文章。当把它投稿给《课程·教材·教法》时，我还是不太自信的。后来与编辑部王维花老师沟通后，得到了王老师的肯定，最终通过终审顺利刊登。随后，王老师还向我约稿，邀我就新课程理念下传统内容的重新定位的教学谈一些看法，于是便有了《新版课标视域下"问题解决"的定位与教学设计思考》一文。此文后来也被人大书报资料中心的《小学数学教与学》全文转载。

再如《重设学路，突出数学学习的挑战性》一文，则是由于在 2016 年至 2017 年两年间，执教的《分数除以整数》《倍的认识》《用面积知识解决问题》等多节下水课的教学思路，基本是遵循了从"一般"到"特殊"的学习路径来设计的，于是便有了将这一研究成果提炼总结出来的想法，也便写成了这篇论文。

还有《回归本源，为学生的数学理解找到支点》是因为执教了"南湖之春"（嘉兴市一个最为重要的课堂教学展示活动）《连除简便计算》，在创新"规律"教学的实践路径，探索基于运算意义的"规律"理解与掌握的学教思路后所得的研究成果；《三重认知，助力"数概念"立体建构》则是在一次省级教学展示活动中，研究了《小数的意义》一课的教学后所得的研究成果。

又如《学生是怎样建构数学模型的》一文，是参加了一次市级小学数学调研活动，听了一位教师的常态课之后的所思所想。因为课后要与上课教师进行交流，于是听课的同时，将自己的调整思路清晰地记录在听课笔记上。后来这些关于问题的分析与调整后的设计思路，便成为了本文的写作提纲，充实了相关文字之后，很快就写成了这篇文章。而且，这种经验也成为了我写观课后感想的基本方式，在"千课万人"与省市级的观课评课中经常运用，不但提高了工作效率，也切实锻炼了我的观课议课的能力。

如同这样的故事，还有很多很多，这里不再赘述。

对这些文字作进一步的梳理，也是我一直想去做的事情。于是，便有了这本集子，取名《聚焦课堂教学》。"聚焦"教学，应该是每一位一线教师的日常工作，同样也是教研员们的重要工作。书中四个板块的内容，从理念解读基础上的实践策略思考到某块知识内容的系统化分析，从自身课堂教学实践的反思到观摩同伴课堂时的体会感悟，都体现了对课堂教学现场的关注。显然，全书的主线是小学数学课堂教学的研究，渗透着理念解读与实践联结、教材分析与设计思考的方法路径，体现着教学论的思想，希望能给一线教师的教学实践以帮助。

最后想说的是，书中的多篇文章是受《小学教学研究》杂志社特约编辑袁玉霞老师、刘茂主任和吕英老师的约稿所写，在此表示诚挚的谢意。谢谢你们对我的信任！正是在你们的鼓励之下，我思考了自身的教学实践，也才有了这些研究成果。还有多篇文章得到了《课程·教材·教法》编辑部的王维花社长、《小学数学教师》杂志社特约副主编陈洪杰和李达编辑、《教学月刊（小学版）》编辑部的陈永华社长、《教学与管理（小学版）》编辑部的陈国庆老师、《小学教学设计》编辑部的杨永建主任等的指导和肯定，在此表示由衷的感谢！

　　课堂教学是师生共同成长的主阵地。研究课堂，研究教学，就是在研究师生共同成长的路径。希望我对课堂教学研究的点滴成果，能够为更多教师研究课堂教学带来启发和帮助。

2022 年 3 月 6 日改定于静心斋

图书在版编目（CIP）数据

聚焦课堂教学：一位小学数学特级教师的研课手记 / 费岭峰著 . —上海：华东师范大学
出版社，2022

ISBN 978 - 7 - 5760 - 3058 - 7

Ⅰ.①聚… Ⅱ.①费… Ⅲ.①小学数学课—课堂教学—教学研究 Ⅳ.① G623.502

中国版本图书馆 CIP 数据核字（2022）第 125000 号

大夏书系·数学教学培训用书

聚焦课堂教学

——一位小学数学特级教师的研课手记

著　　者　费岭峰
策划编辑　朱永通
责任编辑　张思扬
责任校对　杨　坤
封面设计　奇文云海·设计顾问

出版发行　华东师范大学出版社
社　　址　上海市中山北路 3663 号　邮编　200062
网　　址　www.ecnupress.com.cn
电　　话　021 - 60821666　行政传真　021 - 62572105
客服电话　021 - 62865537
邮购电话　021 - 62869887　地址　上海市中山北路 3663 号华东师范大学校内先锋路口
网　　店　http://hdsdcbs.tmall.com

印 刷 者　北京季蜂印刷有限公司
开　　本　700×1000　16 开
印　　张　16.5
字　　数　252 千字
版　　次　2022 年 10 月第一版
印　　次　2022 年 10 月第一次
印　　数　6 100
书　　号　ISBN 978 - 7 - 5760 - 3058 - 7
定　　价　62.00 元

出 版 人　王　焰

（如发现本版图书有印订质量问题，请寄回本社市场部调换或电话 021-62865537 联系）